# 池上彰の世界から見る平成史

池上彰



角川新書

# はじめに

２０１９年4月30日、「平成」が終わります。

おそらく世界の多くの人たちは、過去を振り返るとき1世紀単位で考えるのでしょう。しかし、日本人は「元号単位」で考えます。元号が変わることによって、確実に日本人の気持ちも、時代の空気も変わります。

**日本人にとって元号は時代の象徴**なのですね。

明治時代、日本は富国強兵や殖産興業をスローガンとして、懸命に近代化を進めていきました。長い間、鎖国をしているうちにすっかり世界に取り残されていたまことに小さな国が、欧米列強に伍《ご》するほどの大国になっていく。世界の一等国の仲間入りを果たした明治という時代を「日本の青春時代」と呼ぶ人もいます。

大正時代は、わずか15年で幕を閉じました。しかし「大正ロマン」などといわれるように、日本文化と西洋文化がまじり合う時代。文明開化後、西洋文化を次々に取り入れ、文化面で花開いた時代といえます。また、「大正デモクラシー」という言葉もあるように、普通選挙や政党政治など、政治面でも発展した時代です。

昭和時代は64年までありました。初期はまさに暗黒の時代でした。日本が無謀な戦争を仕掛け、ついには原爆を落とされ、多くの人の命が失われました。

しかしこの敗戦を経て、日本は世界に例のない高度経済成長期に入っていきます。とくに1980年代から1990年代初頭の好景気をバブル時代と呼び、株価もどんどん上がっていきました。1985年初めに1万2000円台だった日経平均株価は、1989年末にはおよそ3倍の3万8915円の最高値を記録しました。

廃墟《はいきょ》の中から立ち上がり、豊かさと平和を享受した時代です。

しかし、平成に入ると空気は一変しました。バブルははじけた後に、「あれはバブルだったんだ」とわかります。バブルの最中は誰もが「空前の好景気」と思っていたのです。

一方、海外ではちょうど**平成の始まりと共に東西冷戦が終わりました。**日本の新たな元号「平成」の通り、冷戦が終わり世界は平和になると期待したのですが、現実は逆でした。

東西冷戦の最中は、各国がアメリカチームとソ連チームに分かれ、親分の国に逆らわないようおとなしくしていたのですが、ソ連が崩壊するとタガがはずれたようにそれぞれが思い思いの行動を起こすようになりました。

イラクによるクウェート侵攻、それに続く湾岸戦争、ユーゴスラビアの内戦……、**東西冷戦の終結は、新たな諍《いさか》いを生み出しました。**

世界を大きく揺るがしたのが、9・11アメリカ同時多発テロです。アメリカは報復のためアフガニスタンを攻撃、さらにイラクも攻撃します。

戦後、「戦争放棄」を誓った日本は、安保条約を結んでいるアメリカに言われるままに再び戦争に巻き込まれるのではないか。それを心配する人たちがいて、自衛隊のイラク派遣は、国内で大きな論争を巻き起こしました。

安全保障の問題は、大きく平成の世に影を落とし、現在も論争が続いています。

経済面はどうでしょう。バブルが崩壊してもう30年近くにもなるのに、**日本はまだ長いデフレのトンネルから抜け出せずにいます。**

これらは、東西冷戦の終結と無関係ではありません。冷戦の終結により、東（社会主義陣営）と西（資本主義陣営）を隔てていた〝鉄のカーテン〟が取り払われました。ベルリンの壁という目に見える壁が崩壊すると同時に、**人、モノ、カネ、情報が国境を越えて自由に行き来できるようになりました。目に見えない壁が取り払われたことが、現在の日本の閉塞《へいそく》感に大きく関係しています。**

平成という時代は、明治時代から上ってきた坂が、下りに転じた時代と言ってもいいでしょう。

周りをながめると、時代の流れはどんどん速くなり、テクノロジーの進化によって人間の仕事が失われるかもしれないといわれています。

ただ、今起きている現象の元をたどれば、すべて過去につながっています。**現在は何十年、何百年前に人間が下した決断や、人間が起こした事件の帰結**なのです。つまり**「因果」ですね。**

**日本は世界とつながっているし、現在は未来へとつながっていく。**

これから、「因」の向こうにどんな「果」が現れるのか。新しい元号の時代の始まりと共に、過去となる平成時代にいったいどんなことがあったのか。

この本で、平成という時代を振り返り、世界から日本をながめ、未来を見通してほしいと思います。

ジャーナリスト　池上　彰

CONTENTS

写真：アフロ

## 世界から見る平成史 49

写真：ロイター/アフロ

写真：Fujifotos/アフロ

CONTENTS

写真：AP/アフロ

提供:TEPCO/ロイター/アフロ

写真:アフロ

CONTENTS



COLUMN

編集協力／八村晃代
カバー・帯・図版デザイン／國分　陽
イラスト／斉藤重之
カバー・10ページの写真／村越将浩

# 戦後、世界は東西陣営に分かれた。そして、冷戦は終結した

第2次世界大戦後、世界は、アメリカを中心とする資本主義陣営＝西側と、ソ連を中心とする社会主義陣営＝東側に分かれた。東西の呼び名は、ヨーロッパを中心とした世界地図で見た場合、西欧と米国が西側、ソ連・東欧が東側にあったことから。

**ソビエト社会主義共和国連邦（ソ連）**

1917年のロシア革命によって、1922～1991年までの間、存在した社会主義国家。東側陣営のリーダーとして君臨するが、その後経済的低迷、1980年代後半のゴルバチョフによる改革などを経て、1991年12月に崩壊した。

**朝鮮戦争**
**1950年6月～**
**（1953年7月休戦）**

北朝鮮と韓国の間で起こった戦争。アメリカは国連軍として韓国側で参戦。中国も北朝鮮側として軍を派遣するなど、東西冷戦の代理戦争と化した。1953年7月27日に休戦協定が結ばれたが、まだ戦争は終わっていない。

**アフガニスタン侵攻**
**1979～1989年**

1979年12月、ソ連（ブレジネフ政権）が親ソ連政権を支援するために、アフガニスタンに軍事介入したこと。1989年に撤退するまで続く。ソ連崩壊の原因の1つともいわれる。

**ベトナム戦争**
**1960～1975年**

1960年に始まったベトナム共和国（南ベトナム）内の内戦。反政府勢力をベトナム民主共和国（北ベトナム）が支援した。東西冷戦を背景にアメリカが南ベトナム、ソ連が北ベトナムを支援。アメリカ軍の撤退後、1975年にようやく終結した。

西側（資本主義）陣営
NATO（北大西洋条約機構）

東側（社会主義）陣営
ワルシャワ条約機構

**ベルリンの壁**

第2次世界大戦で敗れたドイツのベルリンが、東西で分断統治され、東ベルリンと西ベルリンに分かれた。1961年8月、東ベルリンからの市民の亡命を阻止するなどの目的で、西ベルリンを囲む壁がつくられた。1989年11月、東ドイツでの出国の自由が認められたことを機に、市民たちによって壊された。

**アメリカ合衆国**

第2次世界大戦後、イギリスにかわって世界の覇権国となった。資本主義陣営のリーダー。東西冷戦後もその地位は続く。

**キューバ危機**
**1962年10月**

キューバにおけるミサイル問題をめぐって、核戦争寸前までアメリカとソ連の関係が緊迫化した危機的状況のこと。

**マルタ会談　1989年12月2〜3日**

地中海のマルタで行われたアメリカのブッシュ（父）大統領とソ連のゴルバチョフ書記長による首脳会談。両首脳が「冷戦の終結」を宣言、44年間続いた東西冷戦は終結した。

**ヤルタ会談　1945年2月4〜11日**

クリミア半島のヤルタで行われた第2次世界大戦後の戦後処理を話し合った会議。アメリカのルーズベルト、イギリスのチャーチル、ソ連のスターリンが参加。東西冷戦という対立はここから始まったとされる。

# 世界に広がる分断、対立。その裏で進む一強政治

アメリカ同時多発テロ（2001・平成13年）から始まった21世紀は、
テロとの戦いの世紀を印象づけた。
世界に広がるさまざまな分断と対立、格差と貧困、差別、テロ。
その裏で世界中に一強政治の流れも起きている。
世界はどこへ向かおうとしているのだろうか。

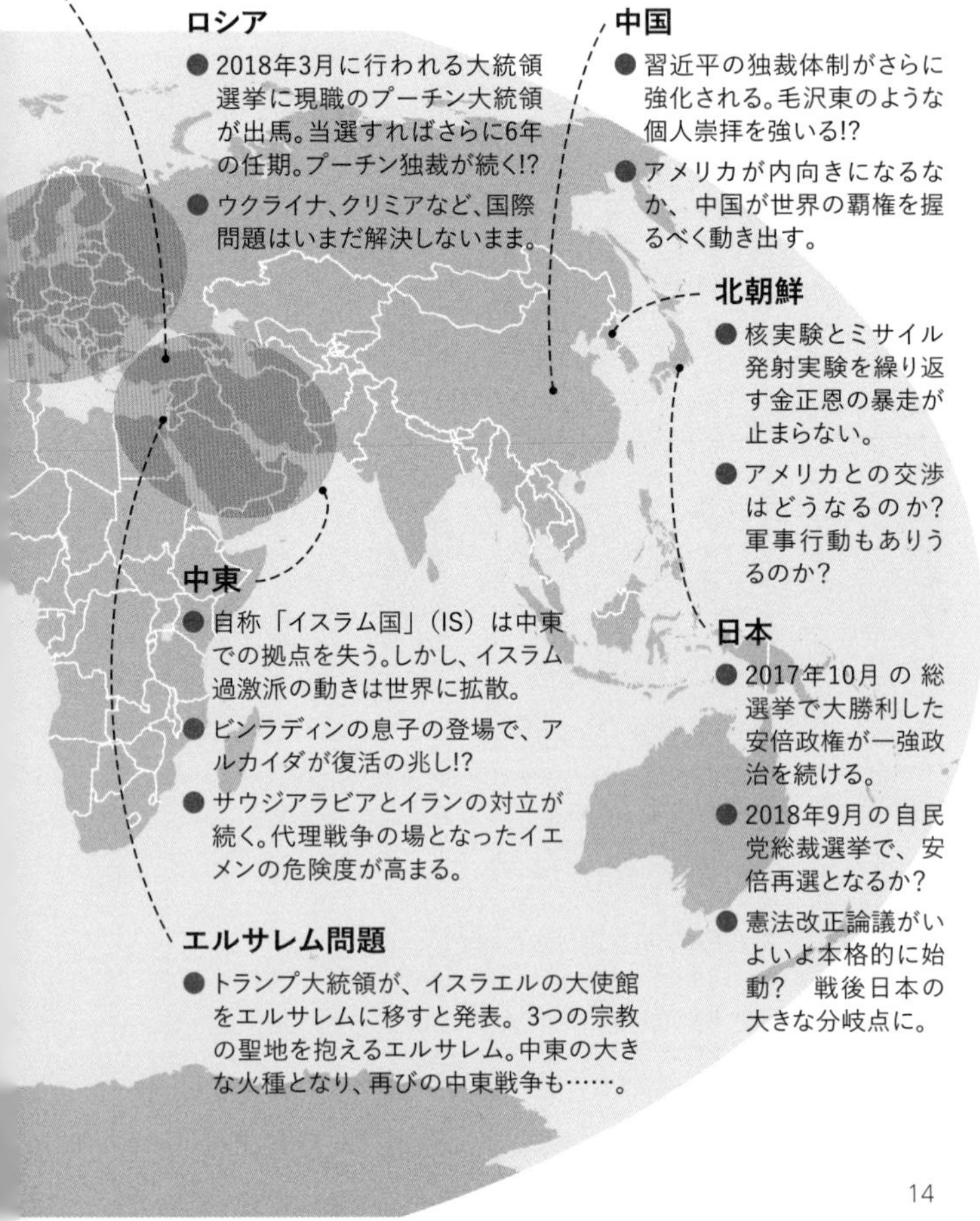

### ロシア

- 2018年3月に行われる大統領選挙に現職のプーチン大統領が出馬。当選すればさらに6年の任期。プーチン独裁が続く!?
- ウクライナ、クリミアなど、国際問題はいまだ解決しないまま。

### 中国

- 習近平の独裁体制がさらに強化される。毛沢東のような個人崇拝を強いる!?
- アメリカが内向きになるなか、中国が世界の覇権を握るべく動き出す。

### 北朝鮮

- 核実験とミサイル発射実験を繰り返す金正恩の暴走が止まらない。
- アメリカとの交渉はどうなるのか？ 軍事行動もありうるのか？

### 中東

- 自称「イスラム国」（IS）は中東での拠点を失う。しかし、イスラム過激派の動きは世界に拡散。
- ビンラディンの息子の登場で、アルカイダが復活の兆し!?
- サウジアラビアとイランの対立が続く。代理戦争の場となったイエメンの危険度が高まる。

### 日本

- 2017年10月の総選挙で大勝利した安倍政権が一強政治を続ける。
- 2018年9月の自民党総裁選挙で、安倍再選となるか？
- 憲法改正論議がいよいよ本格的に始動？ 戦後日本の大きな分岐点に。

### エルサレム問題

- トランプ大統領が、イスラエルの大使館をエルサレムに移すと発表。3つの宗教の聖地を抱えるエルサレム。中東の大きな火種となり、再びの中東戦争も……。

### ヨーロッパ諸国

- イギリスのEU（欧州連合）脱退の手続きがいよいよ本格化。
- カタルーニャ地方、アイルランド、スコットランドなどに独立の動きも!?
- イスラム過激派によるテロ事件が相次ぐ。
- 統合と離散の動きがせめぎあうヨーロッパの未来に注目。

### トルコ

- 独裁を強めるトルコのエルドアン大統領。目指すは、かつてのオスマン帝国の復活とも。ロシアとの関係もカギになる。

### アメリカ

- 2017年1月にトランプ大統領が誕生。アメリカファーストを掲げる。
- 新たな南北問題（経済格差問題）や、ヘイトスピーチ、差別主義者の台頭など。
- トランプ大統領のさまざまな発言や行動が世界を振り回す。

### 格差と貧困の問題

- 2016年4月に明らかになった「パナマ文書」によって、金持ちの「税逃れ」が世界の大きな問題に。格差はますます広がり、貧困が大きな課題となる。

### 人類共通の問題

- 地球温暖化はますます進む。異常気象による災害が増え、その被害も甚大なものに。
- 2017年のノーベル平和賞を国際NGO「核兵器廃絶国際キャンペーン」（ICAN）が受賞。核廃絶への道を探る世界。
- 不寛容社会、SNSでのエコーチェンバー現象などが、世界の分断、対立をさらに悪化させているとも。

# 平成年表
# 世界から見る平成の日本

平成のスタートは、東西冷戦の終結と時を同じくしました。平成時代は世界との関わりを考えることなしに理解することはできません。世界と日本の動きを年表で振り返ってみましょう。

| 西暦 | 平成 | 日本の出来事 | 世界の出来事 |
|---|---|---|---|
| 1989 | 元 | 1月 昭和天皇崩御、昭和の終焉。皇太子・明仁親王が即位<br>2月 リクルート事件（江副浩正氏逮捕）<br>4月 消費税導入（消費税率3％）<br>12月 日経平均株価・終値最高値 3万8915・87円 | 2月 ソ連軍、アフガニスタンから撤退完了<br>6月 天安門事件<br>11月 ベルリンの壁崩壊<br>12月 マルタ会談（東西冷戦の終結を宣言） |

写真：毎日新聞社/アフロ

写真：ロイター/アフロ

| | | | |
|---|---|---|---|
| 1990 | 2 | 3月 総量規制スタート（不動産融資に関する規制）<br>11月 雲仙普賢岳、噴火 | 8月 イラクによるクウェート侵攻<br>10月 東西ドイツ統一 |
| 1991 | 3 | バブル崩壊→失われた20年へ<br>4月 自衛隊のペルシャ湾への掃海艇派遣を決定<br>6月 雲仙普賢岳、大火砕流発生 | 1月 湾岸戦争勃発<br>12月 ソ連崩壊 |
| 1992 | 4 | 6月 PKO協力法成立<br>9月 自衛隊カンボジア派遣<br>10月 東京佐川急便事件（金丸氏議員辞職） | 6月 リオデジャネイロで地球サミット開催<br>11月 アメリカ大統領選挙、クリントンが当選 |
| 1993 | 5 | 6月 皇太子・徳仁親王、ご成婚<br>7月 北海道南西沖地震 | 1月 アメリカ大統領にクリントン就任 |

写真：Shutterstock/アフロ

| 西暦 | | 1994 | 1995 |
| --- | --- | --- | --- |
| 平成 | | 6 | 7 |
| 日本の出来事 | 8月 河野談話<br>8月 細川連立内閣誕生。55年体制の崩壊 | 6月 松本サリン事件<br>6月 「自社さ」連立政権・村山内閣の誕生<br>8月 ジュリアナ東京閉店<br>10月 北海道東方沖地震 | 1月 阪神・淡路大震災<br>3月 地下鉄サリン事件<br>5月 オウム真理教・麻原代表逮捕 |
| 世界の出来事 | 9月 オスロ合意<br>11月 マーストリヒト条約発効でEU(欧州連合)誕生 | 5月 南アフリカ、マンデラ大統領就任<br>5月 ユーロトンネル開通<br>7月 金日成死去<br>12月 ロシア軍、チェチェンに軍事介入(第1次チェチェン紛争) | 1月 世界貿易機関(WTO)発足 |

写真:Haruyoshi Yamaguchi/アフロ

写真:AP/アフロ

8月 村山談話（戦後50周年の終戦記念日にあたって）

11月 Windows95日本語版、発売

住専問題が話題になる

8月 NATO軍、セルビア人武装勢力を空爆

## 1996 8

10月 衆議院選挙で、小選挙区比例代表並立制を導入

1月 パレスチナ自治政府長官にアラファトが就任

12月 ペルー日本大使公邸、武装ゲリラに占領される

## 1997 9

金融ビッグバン始まる

4月 消費税率5%に

11月 三洋証券、北海道拓殖銀行や山一證券などが破綻

7月 香港返還

12月 COP3で京都議定書が採択

写真：ロイター/アフロ

## 1998 10

2月 長野冬季オリンピック・パラリンピック開催

10月 債権管理回収業に関する特別措置法成立

12月 NPO法施行

4月 北アイルランド紛争、平和交渉合意

| 西暦 | 1999 | 2000 | 2001 |
| --- | --- | --- | --- |
| 平成 | 11 | 12 | 13 |
| 日本の出来事 | ＩＴバブル<br>8月 国旗国歌法成立<br>9月 東海村ＪＣＯ臨界事故 | 4月 介護保険制度スタート<br>7月 三宅島噴火<br>7月 沖縄サミット開催 | 1月 中央省庁再編<br>4月 小泉政権誕生<br>10月 テロ3法成立 |
| 世界の出来事 | 1月 通貨ユーロ誕生<br>9月 第2次チェチェン紛争<br>12月 マカオ返還<br>12月 ロシア、エリツィン大統領辞任。プーチンが大統領代行に就任 | 6月 金大中韓国大統領、北朝鮮訪問（南北共同宣言）<br>11月 アメリカ大統領選挙、大接戦でブッシュが当選 | 1月 アメリカ大統領にブッシュ就任<br>9月 アメリカ同時多発テロ<br>10月 アメリカ、イギリスがアフガニスタン攻撃 |

写真：The New York Times/アフロ

| | | | |
|---|---|---|---|
| 2002 | 14 | 5~6月 サッカーワールドカップ日韓共同開催<br>9月 小泉首相、北朝鮮電撃訪問。日朝首脳会談<br>10月 北朝鮮拉致被害者帰国 | 1月 EUでユーロ使用開始<br>1月 ブッシュ大統領、「北朝鮮、イラク、イラン」を「悪の枢軸」と非難<br>10月 ロシア、モスクワで劇場占拠テロ事件 |
| 2003 | 15 | 5月 個人情報保護法成立 | 3月 イラク戦争勃発<br>8月 北朝鮮の核問題などで、初の6カ国協議 |
| 2004 | 16 | 1月 自衛隊、イラク派遣<br>4月 イラク日本人人質事件<br>10月 新潟県中越地震 | 11月 ブッシュ大統領再選 |
| 2005 | 17 | 3~9月 愛知万博開催<br>4月 JR福知山線脱線事故<br>8月 小泉内閣のもと、郵政解散 | 8月 アメリカにハリケーン「カトリーナ」が上陸し大きな被害 |

写真：Fujifotos/アフロ

| 西暦 | 平成 | 日本の出来事 | 世界の出来事 |
|---|---|---|---|
| | | | 11月 ドイツ、メルケルを初の女性首相に選出 |
| 2006 | 18 | 1月 ライブドア・ショック<br>9月 第1次安倍政権発足 | 5月 イラクで新政権発足<br>10月 北朝鮮で初めての核実験<br>12月 イラクでフセイン処刑 |
| 2007 | 19 | 3月 能登半島地震<br>7月 新潟県中越沖地震<br>10月 郵政民営化スタート | 8月 サブプライム・ショックで世界同時株安<br>12月 EU、27カ国がリスボン条約に調印 |
| 2008 | 20 | 6月 秋葉原通り魔事件<br>7月 北海道洞爺湖サミット開催<br>12月 東京・日比谷公園に年越し派遣村 | 9月 リーマン・ショック<br>11月 アメリカ大統領選挙、オバマが当選 |

| 2009 | 2010 | 2011 |
| --- | --- | --- |
| 21 | 22 | 23 |
| 9月 民主党政権（鳩山内閣）誕生 | 5月 日米両政府、沖縄普天間基地の移転先を辺野古とする共同声明<br>9月 尖閣諸島中国漁船衝突事件 | 3月 東日本大震災、福島第一原発事故 |
| 1月 アメリカ大統領にオバマ就任<br>4月 オバマ大統領のプラハ演説<br>10月 ギリシャ危機が発覚<br>12月 オバマ大統領ノーベル平和賞受賞 | 11月 アウン・サン・スー・チー自宅軟禁から解放<br>12月 劉暁波氏ノーベル平和賞受賞<br>12月 チュニジア、ジャスミン革命。アラブの春へ | 5月 オサマ・ビンラディン殺害<br>アメリカ、ニューヨークでOccupy Wall Street運動始まる |

| 西暦 | 平成 | 日本の出来事 | 世界の出来事 |
| --- | --- | --- | --- |
| | | | 12月 金正日死去 |
| 2012 | 24 | 9月 尖閣諸島国有化<br>12月 再びの政権交代。第2次安倍政権発足 | 3月 ロシア、プーチンが大統領当選（2回目）<br>10月 アメリカ東海岸でハリケーン「サンディ」による大きな被害<br>11月 習近平、中国共産党中央委員会総書記に就任 |
| 2013 | 25 | 9月 2020年の夏季オリンピック・パラリンピックの開催地が東京に決定<br>12月 特定秘密保護法成立 | 3月 習近平、国家主席に就任<br>8月 スノーデン氏、ロシアに亡命 |
| 2014 | 26 | 7月 安倍首相、集団的自衛権を限定的容認（閣議決定）<br>9月 御嶽山噴火 | 2月 ウクライナ紛争勃発<br>3月 ロシア、クリミア併合<br>6月 IS（自称「イスラム国」）建国宣言 |

## 27 2015

1月 ISによる湯川遥菜さん、後藤健二さん殺害事件

9月 安全保障関連法の成立

12月 慰安婦問題日韓合意

1月 フランス、パリでシャルリー・エブド襲撃事件

11月 パリ同時多発テロ事件

12月 COP21でパリ協定採択

## 28 2016

1月 日本銀行、マイナス金利政策の導入決定

4月 熊本地震

5月 伊勢志摩サミット開催

5月 オバマ大統領、広島訪問

写真：毎日新聞社/アフロ

6月 安倍首相、消費税率10％引き上げを2019年10月まで再延期することを表明

7月 小池都知事誕生

8月 天皇陛下、生前退位のご意向を表明

6月 イギリス、国民投票でEU離脱へ

11月 アメリカ大統領選挙、トランプが当選

写真：新華社/アフロ

| 西暦 | 平成 | 日本の出来事 | 世界の出来事 |
| --- | --- | --- | --- |
| 2017 | 29 | 2月 森友学園問題<br>2月 東芝の債務超過問題<br>5月 加計学園問題<br>6月 退位特例法が成立<br>6月 テロ等準備罪処罰法が成立 | 1月 アメリカ大統領にトランプ就任<br>2月 金正男氏、マレーシアで暗殺される<br>7月 劉暁波氏死去 |
| 2018 | 30 | 4月 日銀の黒田東彦総裁、任期満了<br>9月 自民党総裁選挙 | 2月 平昌冬季オリンピック・パラリンピック開催<br>3月 ロシア大統領選挙<br>11月 アメリカ中間選挙 |
| 2019 | 31 | **5月1日 新元号スタート** | |
| 2020 | | 東京夏季オリンピック・パラリンピック開催 | |

写真：つのだよしお/アフロ

## 平成時代の日本の首相

| 首相名 | 所属党（当時） | 期間 |
|---|---|---|
| 竹下登 | 自由民主党 | 1989年6月3日まで |
| 宇野宗佑 | 自由民主党 | 1989年6月3日～ |
| 海部俊樹 | 自由民主党 | 1989年8月10日～ |
| 宮沢喜一 | 自由民主党 | 1991年11月5日～ |
| 細川護熙 | 日本新党 | 1993年8月9日～ |
| 羽田孜 | 新生党 | 1994年4月28日～ |
| 村山富市 | 日本社会党 | 1994年6月30日～ |
| 橋本龍太郎 | 自由民主党 | 1996年1月11日～ |
| 小渕恵三 | 自由民主党 | 1998年7月30日～ |
| 森喜朗 | 自由民主党 | 2000年4月5日～ |
| 小泉純一郎 | 自由民主党 | 2001年4月26日～ |
| 安倍晋三 | 自由民主党 | 2006年9月26日～ |
| 福田康夫 | 自由民主党 | 2007年9月26日～ |
| 麻生太郎 | 自由民主党 | 2008年9月24日～ |
| 鳩山由紀夫 | 民主党 | 2009年9月16日～ |
| 菅直人 | 民主党 | 2010年6月8日～ |
| 野田佳彦 | 民主党 | 2011年9月2日～ |
| 安倍晋三 | 自由民主党 | 2012年12月26日～ |

※2018年1月下旬現在。

# 平成以降の主な地震と火山活動

- 1995(平成7)年の阪神・淡路大震災以降、日本での地震・火山活動が活発になっている。
- 地球温暖化の影響などもあって、台風や集中豪雨などの被害も多くなっている。その規模も甚大なものになっている。
- 関東や南海トラフなどを震源とする地震はしばらく起きていない。今後は注意が必要だ。

プロローグ

# 東西冷戦終結と平成の始まり

～東西冷戦の歴史と世界の関係を理解しておこう～

平成

# 01 »「平成」じゃない平成がスタート



日本で平成がスタートしたのは、**西暦1989年**です。

平成という元号は、「内平らかに外成る（史記）、地平らかに天成る（書経）」という文言の中から引用したもので、「国の内外、天地とも平和が達成される」という意味だそうです。故小渕恵三《おぶちけいぞう》官房長官が「新しい元号は平成であります」と奉書紙を掲げるシーンは、何度もテレビで放送されているので、平成生まれでも知っている人は多いと思います。

でも、どうでしょう。平成を振り返って、国の内外は平和だったといえるでしょうか。ヨーロッパではベルリンの壁が崩壊し、中国では天安門《てんあんもん》事件が起き、日本ではバブルがはじけました。9・11アメリカ同時多発テロをはじめ、各地でテロが頻発しましたし、富める者と貧しき者の格差は開いていきました。

**平成の幕開けは、皮肉にも〝波瀾《はらん》の幕開け〟だった**といえます。

その理由は、この年、東西冷戦が終結したことと無関係ではありません。

**東西冷戦の終結は、まさしく世界史のターニングポイント**でした。ではなぜ、そういえるのか。東西冷戦というものを、ざっと振り返っておきましょう。

1989年1月7日の記者会見で、「平成」と書かれた奉書紙を掲げて、
新元号を発表する小渕恵三官房長官（当時・竹下登内閣）。

写真：毎日新聞社/アフロ

## 明治以降を振り返ると……

| | |
|---|---|
| **明治時代** | 1868年9月8日（旧暦慶応4年1月1日／明治元年1月1日）<br>〜1912年（明治45年）7月30日 |
| **大正時代** | 1912年（明治45年／大正元年）7月30日<br>〜1926年（大正15年／昭和元年）12月25日 |
| **昭和時代** | 1926年（大正15年／昭和元年）12月25日<br>〜1989年（昭和64年／平成元年）1月7日 |
| **平成時代** | 1989年（昭和64年／平成元年）1月8日<br>〜2019年（平成31年）4月30日 |
| **新元号** | 2019年5月1日〜 |

# 02 ≫ すべてはスターリンの〝裏切り〟から始まった



現代の世界を理解するうえで、よく「東西冷戦時代が終わってから」や、「東西冷戦以降」という言い方をします。**第2次世界大戦が終わると同時に始まったのが東西冷戦時代**でした。第2次世界大戦の終盤に〝何か〟があったのです。

東西冷戦とは、**ソビエト連邦（ソ連）を中心とした「社会主義国」と、アメリカを中心とした「資本主義国」の対立**のこと。ソ連が東側、アメリカが西側だから「東西」です。日本が真ん中の世界地図だとピンとこないのですが、イギリスが中心の世界地図を見ると、ソ連はイギリスの東側に、アメリカは西側にあります。

なぜイギリスが世界の中心？　そこからですよね。

かつてイギリスは「七つの海を支配する」大英帝国でした。軍事力も経済力も強大な世界最強国だったから、自分のところのグリニッジ天文台を経度の起点（0度）として、世界地図をつくった。イギリスを中心にして世界を見たというわけですね。

では、なぜ「冷戦」と呼ばれるのか。

よく夫婦げんかの末、口もきかない状態を「冷戦状態」なんていいますね。

世界の中で、社会主義を推し進める東側諸国と、資本主義を守ろうとする西側諸国が、直接、殺し合いはしないけれど、お互い核兵器を持って睨《にら》み合っていた。

「コールド・ウォー」は、1947年、アメリカのジャーナリスト、ウォルター・リップマンが本の題名で使った言葉です（もとは、B・M・バルークが講演で「ソ連はアメリカに冷戦を挑んでいる」と述べたのが始まり）。人間が殺し合い、血が飛び散るのはホット・ウォー（熱戦）。対して、砲弾は飛び交わない、睨み合うだけ、というのでコールド・ウォーです。

**核兵器を使って戦争をしたら、それこそこの世の終わり。**それはアメリカもソ連も十分わかっていたのです。

戦後の日本は、西側陣営の一員となりました。資本主義のアメリカチームです。資本主義の「資本」とはお金のことです。でも単なるお金持ちで、悠々自適の暮らしをしている人は「財産家」といいます。「資本家」は単なるお金持ちではないのです。資本家は持っているお金を元にどんどん事業を大きくしていく。「お金儲《もう》けをしよう」と考えます。資本主義というのは、資本家が自由な経済活動ができる経済体制のことなのです。

法律に違反しない限り何をやっても、いくら稼いでもいいので、成功してどんどんお金持ちになる人もいれば、失敗して貧しくなる人もいます。当然、格差が生まれます。

一方、社会主義は平等主義です。社会主義にもいろいろな考え方があるのですが、かつてのソ連は、国の中心は労働者と農民で「資本主義は悪だ、資本家は抹殺してしまえ」と考えました。何もそこまで資本家を敵視しなくてもと思いますが、実際に社会主義体制を守るため、資本家を容赦なく殺したりしたのです。地主や皇帝の財産も全部、国家が接収しました。

そういう国は、当時は世界でソ連だけでした。ちなみにソ連というのは、**ロシアとその周辺国でつくられていた連邦**です。

大国でありながら、ソ連は臆病《おくびょう》になっていました。ナチス・ドイツに攻め込まれて約2600万人が命を落としたと言われ、第2次世界大戦で最も多くの犠牲者を出してしまったからです。国境線の向こう側に、自分の言うことを聞かない国ができたら、またいつ攻め込まれて散々な目に遭うかもしれない。ソ連の指導者、スターリンは考えました。周りに緩衝地帯をつくっておけば、資本主義の国に攻められても、緩衝地帯が戦場になるのでソ連は守られる……。

1945年2月、クリミア半島のヤルタでヤルタ会談が開かれました。集まったのは、アメリカのフランクリン・ルーズベルトとイギリスのウィンストン・チャーチル、ソ連のヨシフ・スターリンです。この時はまだ、ヨーロッパではドイツとの戦い（ヨーロッパ戦

## ソビエト連邦は15の共和国から構成されていた

※国名は当時のもの。

線）、太平洋では日本との戦い（太平洋戦線）が続いていました。でも、そろそろ戦争の終わりが見えてきた。戦後の世界秩序をどうするか話し合い、「間もなくドイツは降参するから、ドイツに占領されているところが解放されたら、それぞれの国で民主的な選挙をして、独立できるようにしよう」と3人で約束するのです。

その約束を、スターリンはことごとく破りました。最初からそんな気は毛頭なかったのです。ドイツの占領地域を、東からどんどん攻めていき、ポーランド、ハンガリー、ブルガリア、ルーマニア、チェコスロバキアを占領。**自分の言うことを聞く政権をつくっていきました。**まるでソ連を資本主義国から守る〝外堀〟のように、東ヨーロッパにソ連寄りの国ができ、いずれも、ソ連の息のかかった社会主義政党が政権を樹立するのです。

当然、アメリカは恐怖心を持ちます。アメリカの中にも、ソ連と同じ考え方を持つ「共産党」ができるし、いつか自分たちも殺されてしまうかもしれない。

こうして、それぞれが危機感を持って対立していった。冷戦のきっかけはソ連のアメリカとイギリスに対する裏切りでした。

**ソ連側についた国は鎖国状態のようになり、中が見えません。**これをイギリスのチャーチルは「鉄のカーテン」と呼びました。「東ヨーロッパの歴史ある街が、鉄のカーテンによって閉ざされてしまった」と。

## アメリカ、ソ連、イギリスで戦後処理を話し合った

**ヤルタ会談（1945年2月4〜11日）**
**クリミア半島ヤルタで行われた。**

ヤルタ会談に集まった3国のリーダー。左からウィンストン・チャーチル（イギリス）、フランクリン・ルーズベルト（アメリカ）、ヨシフ・スターリン（ソ連）。背が低いスターリンが椅子を高くして見栄えがよいようにしたという。

写真：アフロ

### なぜヤルタだったのか？

スターリンという人物は大変疑り深い人物で、飛行機に乗ることを避けて常に鉄道で移動していた（専用の防弾列車）。この会談においても、自国領土にアメリカとイギリスの首脳を呼び、自分は鉄道で移動したということ。

# 03 ≫ ベルリンの壁は、恥ずかしい壁？

1961年8月〜1989年11月

ヨーロッパ戦線では、ドイツがいよいよ劣勢に転じます。ついに東からはソ連軍、西からはアメリカ軍、イギリス軍が進軍し、エルベ川を境に占領します。そこへフランスが口を出してきて、西ドイツ側はアメリカ、フランス、イギリスが、東ドイツ側はソ連が占領しました。さらには、首都のベルリンも分割されます。首都のベルリンは、東ドイツの中にあるのですが、今後のドイツを考えたとき、首都をまるまるソ連に占領させるわけにはいかなかったのです。

となると、西ベルリンだけがまるで〝陸の孤島〟のようになりそうですが、西ベルリンと西ドイツの間は、アウトバーンという高速道路と鉄道が通っていて、道路と鉄道で結ばれていました（他にも、空路とエルベ川を通っての海路があった）。

占領後、ソ連は東ドイツを社会主義化していきます。企業をすべて国有化し、自営業などの商店も国有化、言論の自由もなくなりました。ソ連の体制を批判したら逮捕される。

あなたが、もしソ連に占領された東ドイツにいたとしたら、どうしますか？

西ベルリンへ逃げ込めば、そこから自由に西ドイツへ行ける。東ドイツの国民が続々と西ベルリン経由で西ドイツへ逃げ出しました。

これを阻止しようとして、**1961年8月、東ドイツ側がつくったのが「ベルリンの壁」**です。「ベルリンの壁」というと、東西ドイツを区切る壁だと思っている人も多いようですが違うのです。ここを勘違いしないでくださいね。

東ドイツの中にある西ベルリンを、ぐるりと取り囲む形でつくられたのが、ベルリンの壁です。

普通「壁」というのは、敵が入ってこないようにつくるものですが、ベルリンの壁とは、自分の国の国民が逃げないようにつくった、**いわば非常に〝恥ずかしい壁〟なのです。**

日本はドイツと同じ敗戦国ですが、分断はされませんでした。もし日本が東日本と西日本に分断されていたら、首都・東京もベルリンみたいに東西に分けられたかもしれません。しかし、何もなかったわけではありません。太平洋戦争の終わりのころ、ソ連は「北海道の北半分をソ連に統治させろ」と要求しています。アメリカがはねつけたからよかったものの、断らなければ北海道は南北に分断されて、北は「日本民主主義人民共和国」になっていたかもしれません。

北海道だけではありません。中国地方と四国地方はイギリス、オーストラリア、ニュージーランド連合軍が占領しました。アメリカだけが占領したわけではないのですね。

## 東西冷戦の象徴、ベルリンの壁

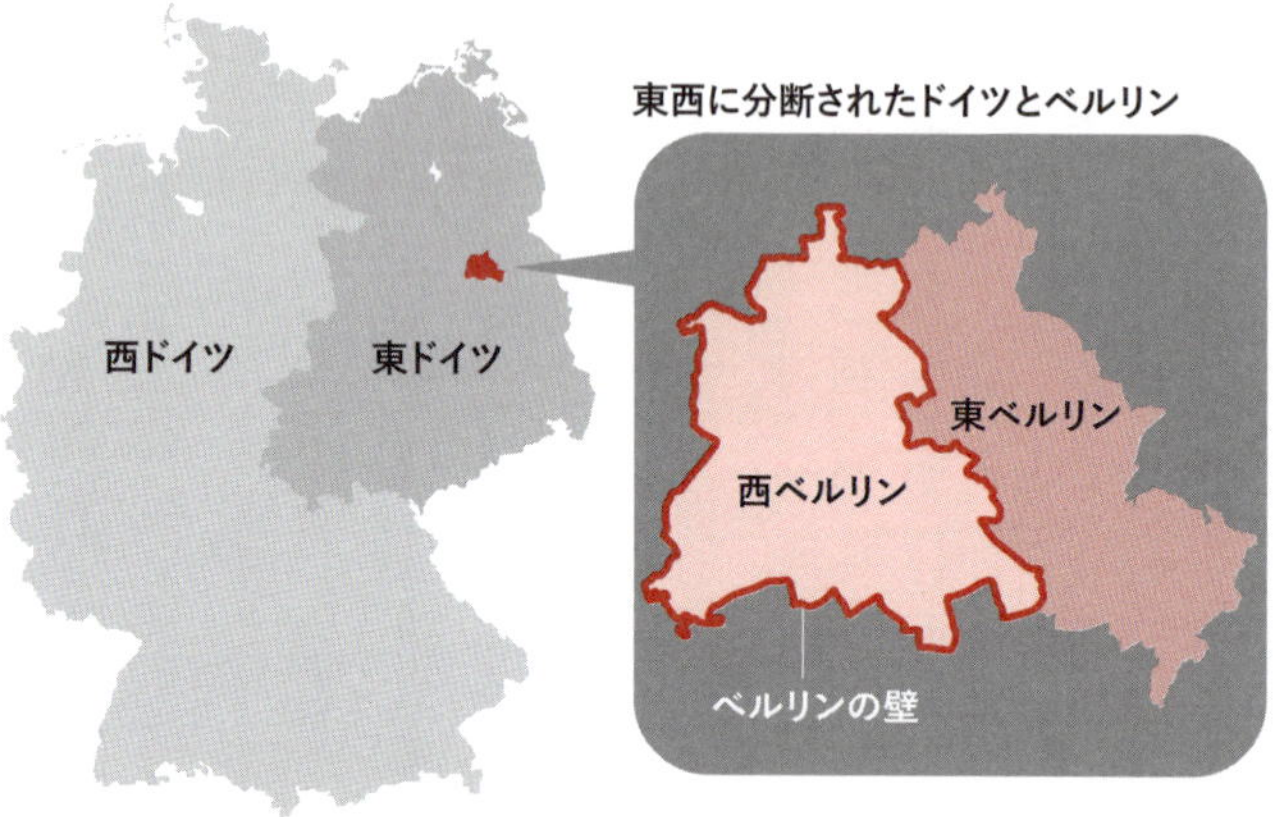

1989年11月10日、東西ベルリンの市民によって、ベルリンの壁が壊された。その後、1990年10月3日に東西ドイツが統一されることとなった。

写真：ロイター/アフロ

# 04 ≫ 冷戦への決定打「トルーマン・ドクトリン」

1947年

第2次世界大戦後の1946年、モスクワにいたアメリカのジョージ・ケナンという駐モスクワ代理大使（当時）は「ソ連はまともではない。世界を征服しようとしている。ソ連を封じ込めるしかない」と国務省に提言します。

長文の電報を打ったところ、国務省に呼び戻されて、対ソ連政策をつくることになりました。これを受け1947年、**「トルーマン・ドクトリン」が始まります。**当時のアメリカ大統領はトルーマンでした。ドクトリンとは「戦略」です。

トルーマン大統領は、**世界を「いいもん」と「悪いもん」に分けます。**アメリカと同じ資本主義をとるものは「いいもん」、ソ連のような社会主義をとるものは「悪いもん」。世界を「善」と「悪」に二分したのです。そして「アメリカにつくか、ソ連につくか」と迫ります。アメリカにつくなら、たとえどんな悪辣《あくらつ》な独裁者の国であろうと、全面的に支援をする。一方で、民主的に政権ができた国でも、反米政権ならCIA（中央情報局）を使ってそれを潰《つぶ》す。こうして潰されたのが、イランのモサデク政権や南米チリのアジェンデ政権です。これが第2次世界大戦後の世界です。

# 05 ≫ 中華人民共和国はソ連についた

1949年

**東西冷戦は、アジアにも影響を与えることになります。**世界中で、ソ連は自分と同じ社会主義の国を増やそうとするし、アメリカは、自分と同じ資本主義の国を増やそうとします。

その過程で起きたのが朝鮮戦争やベトナム戦争です。これらはアメリカ、ソ連の代理戦争でした。朝鮮半島にはソ連寄りの北朝鮮と、アメリカ寄りの韓国が誕生しました。

ソ連のスターリンをお手本にしたのが、毛沢東《もうたくとう》。1949年に成立した**中華人民共和国は、ソ連の弟分のような存在に**なりました（のちに仲たがいします）。

こうして、ヨーロッパにも、東アジアにも、南アメリカ大陸にも、アメリカチームに入る国とソ連チームに入る国ができていきます。

1949年、アメリカを中心とした北アメリカとヨーロッパ諸国によって軍事同盟「**NATO（北大西洋条約機構）**」ができると、ソ連を中心とする東側8カ国は、**ワルシャワ条約機構**を発足させました。仲間の国が攻撃されたとき、共同で応戦する集団的安全保障体制を構築したのです。ヨーロッパは2つの軍事同盟によって、完全に分割されました。

Column

# 共産主義と社会主義 いったいどう違うのか?

共産主義と社会主義は、似ているようで違います。あなたはその違いを正確に答えられますか?

基本的に、社会主義も共産主義も「経済体制」をあらわす言葉です。社会主義の国といえば、まずソ連が思い浮かぶでしょう。

1917年11月、ロシア革命によって地球上に初めて社会主義の国ができました。それまでの「資本主義」の弱点を解決しようと、資本主義に対抗して生まれたのが社会主義です。

「資本」とはお金のこと。お金(資本)を持っている人がそのお金を使って、いくらでもお金儲《もう》けができるのが資本主義です。資本主義のもとでは、利益を追求するために誰もが自由な経済活動を行うことができます。しかし、自由であるがゆえに競争が激しくなり、貧富の差が生じます。

これに対し、「社会主義」は国家が経済活動に介入することで、平等な社会をめざそうという考え方です。企業はみんな国営にして計画的に生産をすれば、過剰生産なんていうことは起きない。国が立てた計画に従って経済活動を行い、富も平等に分配しよう。

では「共産主義」とは?

社会主義によって生産性がうんと高まれば、みんなが欲しいものはいくらでも手に入り、みんなが豊かだから争いごとが起きない。つまり、社会主義が高度に発展し、もはや「国家」がいらなくなった“究極の理想の経済体制”を共産主義といいます。

国家がない状態が共産主義なのですから、「共産主義国家」は存在しません。理想を掲げた社会主義国家は次々に崩壊していきました。それでもまだいくつか存在しています。世界ではいまだに、資本主義国家と社会主義国家が対立関係にあるというのが現実です。

# 06 ≫ 東西冷戦に決着！ 資本主義の勝利？



ざっと、世界が2つに分かれたきっかけを説明しました。その後、**東西冷戦は第2次世界大戦後から1989年まで、約40年間続きます。**

では、なぜ東西冷戦が終わったのか。社会主義がうまくいかず、**資本主義VS社会主義の戦いは、社会主義が白旗を揚げたから**です。

社会主義にもいろいろな考え方があると述べましたが、ソ連における社会主義の考え方は、こうです。

資本主義は自由な経済活動が認められているから、いろいろな企業が参入し、どんどん同じような商品ができ、供給が増えて結果的にものが売れなくなる。会社がバタバタと倒産し、失業者があふれる。

国が決める計画経済なら、需要と供給を合致させて無駄がない。失業者も生まれない。それぞれの能力に応じて働ける理想の社会をつくろう。

額に汗して働く者こそ報われる。だから、建設労働者や工場労働者、肉体労働者は賃金を高くする。事務職や医者、大学教授などは給料を低くする。

ロシア革命を指導したウラジーミル・レーニンの次の指導者、スターリンはさらに過激でした。資本家を殺害し、持っていた工場などの生産手段をすべて労働者のものにする。農業も同じです。農民を富農と貧農に分け、富農と認定された者たちは処刑されました。数十万から百万単位の人が殺されたともいわれています（正確な数字はわかりません）。

でも、冷静に考えてみると、富農の人たちを殺してしまうと、農業に詳しい人がいなくなります。しかも多くの農民は働いても働かなくても給料は同じ。となると、人間はサボりたくなるもの。農業は自然が相手なのに、9時から夕方の5時まで適当に仕事をしておしまいとなってしまいます。

かくして生産性は急降下し、とてつもない飢餓が発生しました。とりわけひどかったのがウクライナです。ウクライナの人たちは「ロシアと一緒になったから、とんでもない飢餓に悩まされた」という恨みをいまだに持っています。

さすがにやり過ぎたと修正も行われましたが、資本主義のカナダやアメリカから小麦を輸入してもなお、食糧不足が続きました。

1980年代に入ると、ソ連の支配下にあった東ヨーロッパ諸国の中から民主化運動の波が起き、**1989年11月、ついにベルリンの壁が崩壊。**同じく1989年、ソ連のミハイル・ゴルバチョフとアメリカのジョージ・H・W・ブッシュ（父）が、冷戦の終結を宣言しました。**1991年12月、ついにソ連が崩壊します。**連邦をつくっていた15カ国がバラバラになり、ソ連を引き継いだのがロシア連邦です。

**西側諸国は「資本主義の勝利」だと思いました。**アメリカの政治学者フランシス・フクヤマは1989年の論文『歴史の終わり』の中で、資本主義の勝利を宣言しています。

確かに東西冷戦中の40年間で、資本主義国はどんどん豊かになり、社会主義国は経済が発展しませんでした。最後のころは西側諸国の銀行から融資を受けても返済のメドが立たず、完全に破綻《はたん》していました。

でも、社会主義国・ソ連の崩壊は、西側諸国をいい気にさせてしまいました。西側諸国は、自分たちの国が、ソ連の仲間になったら困ると思えばこそ、政府は福祉を充実させ、労働者を大切にしてきました。

しかし、社会主義国が失敗し、もう敵がいなくなったと思えばやりたい放題です。東側と西側の壁がなくなったことで、企業はグローバルに出ていく。東側諸国の安い労働力を使って、稼ぎたいだけ稼ぐ。こうして自国の中間層が消滅し、格差が広がっていきます。**社会主義国の崩壊は、資本主義の暴走を生んだのです。**

私たちは**冷戦が終わると、世界はより平和になると思っていました。しかし、それは幻想に過ぎませんでした。**冷戦時はアメリカとソ連が、それぞれの子分の国を「第3次世界

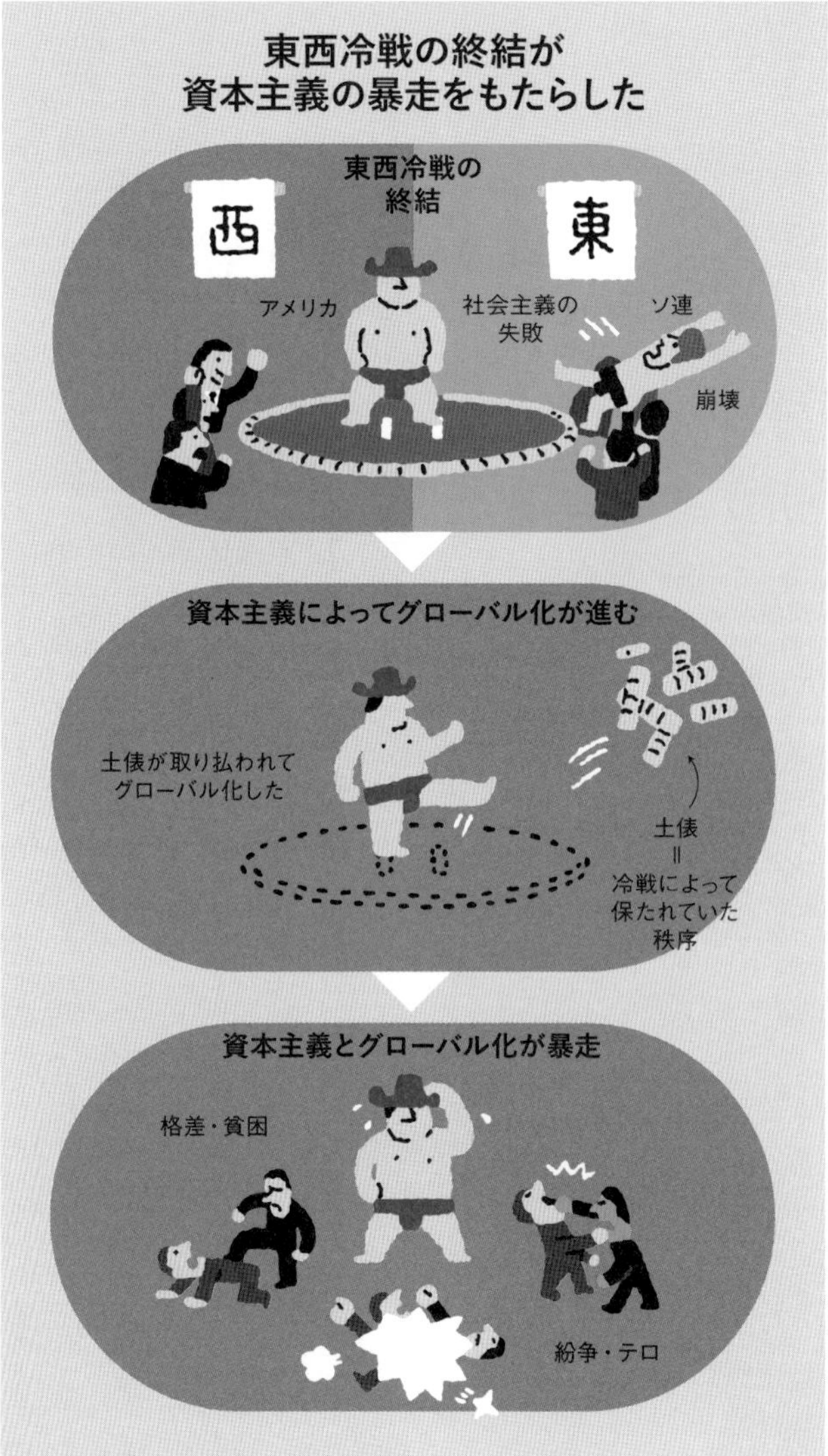
東西冷戦の終結が
資本主義の暴走をもたらした
東西冷戦の
終結
西
東
アメリカ
社会主義の
失敗
ソ連
崩壊
資本主義によってグローバル化が進む
土俵が取り払われて
グローバル化した
土俵
＝
冷戦によって
保たれていた
秩序
資本主義とグローバル化が暴走
格差・貧困
紛争・テロ

大戦になったら大変だから、勝手なことをするな」と抑えこんでいました。仕方なくおとなしくしていた国も、抑えつけるボスがいなくなればタガがはずれます。イラクのフセインが、クウェートに攻め込んだり、東西の狭間《はざま》にあったバルカン半島では内戦が始まったりしました。また、東西ベルリンを隔てていた壁が崩壊すると、より豊かな暮らし、より稼げる仕事を求めて、東ヨーロッパから西ヨーロッパへ移民がどっと押し寄せるという現象も起こりました。現在、ヨーロッパは移民問題で揺れています。

**世界史の転換点となった1989年、それ以降の世界はどうなったのか。**とくに知っておきたい出来事を、年表順に振り返っていくことにしましょう。

# 世界から見る平成史

平成

# 07 ≫ 昭和天皇崩御の裏で……



「本日、午前6時33分、吹上《ふきあげ》御所において崩御あらせられました」

私はちょうどその時、宮内庁詰の記者でした。

1988年の秋以降、陛下の容態は悪化の一途をたどっていたので、「もう昭和64年はないかもしれない」とささやかれていました。宮内庁より崩御の発表があったのは、**昭和64(1989)年1月7日のこと。**

死因は十二指腸部の腺《せん》がん。お年は87歳でした。

宮内庁には、前年から報道各社の記者たちが集められていました。ところが、ちょうど**同じころ、「リクルート事件」が発覚。**リクルート会長だった江副浩正《えぞえひろまさ》氏や大物政治家が逮捕されるのではないかということで、かなりの記者が宮内庁からリクルート事件取材へと移動していったのを覚えています。

リクルートは、当時はまだ新興企業でしたが、飛ぶ鳥を落とす勢いの邁進《まいしん》劇を演じていました。江副氏は、そのリクルートの子会社でまだ株式を上場していなかったリクルートコスモス社の未公開株を、ワイロとして政治家や官僚にばら撒《ま》いていたのです。

# 08 ≫ いまの選挙制度につながる事件

平成元(1989)年2月

未公開株がなぜワイロになるのか。

株式を上場すれば、その株に値段がつきますよね。でも、未公開株の値段は〝額面〟どおりです。たとえば、額面500円の未公開株を1000株受け取って、上場後に仮に10万円の値段がつけば、50万円が1億円になります。これぞ濡《ぬ》れ手で粟《あわ》です。

江副氏は、いろいろな面で優遇してもらうことを期待して「この株を譲りますがどうですか。資金がなければその資金もお貸しします」と官僚や大物政治家にばら撒いていたのです。これは**戦後最大の贈収賄事件で、江副氏は1989年2月に逮捕されました。**

この事件をきっかけに、政治家がお金を必要とするのは、政治にお金がかかりすぎるからだ、お金のかからない政治ができるよう選挙制度を変えようという動きが広がりました。それまでの中選挙区制では、選挙区が広いため大勢のスタッフを確保せねばならず、資金力のある候補者が有利でした。**選挙区が狭い小選挙区にすることで、選挙にかかるお金を少なくしようとしたのです。**

かくして**1994年以降、衆議院選挙は小選挙区比例代表並立制を採用しています。**

## リクルート事件で「政治と金」に注目

1988年に発覚した汚職事件。情報サービス会社リクルートが、政官財の要人に、子会社のリクルートコスモスの未公開株を譲渡し、贈賄罪に問われた事件。国民の政治不信が高まり、責任をとって1989年6月、竹下登首相が辞職した。リクルート会長だった江副浩正氏ら贈賄側 4人、収賄側 8人の計12人が起訴され、全員が有罪判決となった。

写真:Fujifotos/アフロ

↓

**政治にはお金がかかる!**
**「中選挙区→小選挙区制度」**
**この流れのきっかけとなった**

小選挙区制度とは…

**1つの選挙区から**
**1人の当選者を出す仕組み**

大選挙区、中選挙区に比べて選挙にお金がかからない。しかし、政権交代が起こりやすく、死に票が多くなるという側面も。

# 09 消費税は平成の幕開けとともに

もうすぐ10％になるかもしれない**消費税は、1989年の4月に始まり、スタートの税率は3％でした。**

消費税導入の目的の1つは、社会保障に必要な税収の確保です。若者が多く、高齢者が少なければ年金制度は安泰です。でも、少子高齢化社会になれば、もらえる金額には限界があります。現在、消費税率の引き上げが決まっているのは、社会保障の財源にあてようと考えているからです。

では、**なぜ国は「所得税」や「法人税」ではなく、消費税を上げたいのか。**

税金の仕組みを簡単に説明すると、税金には「直接税」と「間接税」があります。間接税の典型的な例が消費税です。直接税は労働者が納める所得税や、企業が納める法人税などです。**直接税は景気の影響を受けやすい**のです。不景気になると収入が減るので、所得税や法人税も減る。不景気になった途端、直接税はドーンと減ります。でも、景気が悪くても買い物をしないわけにはいかないでしょう。不景気でも消費税の収入はそれほど落ち込まない。**国は安定的な税収を増やそうとしている**のです。

平成元(1989)年4月

## 日本の消費税の変遷

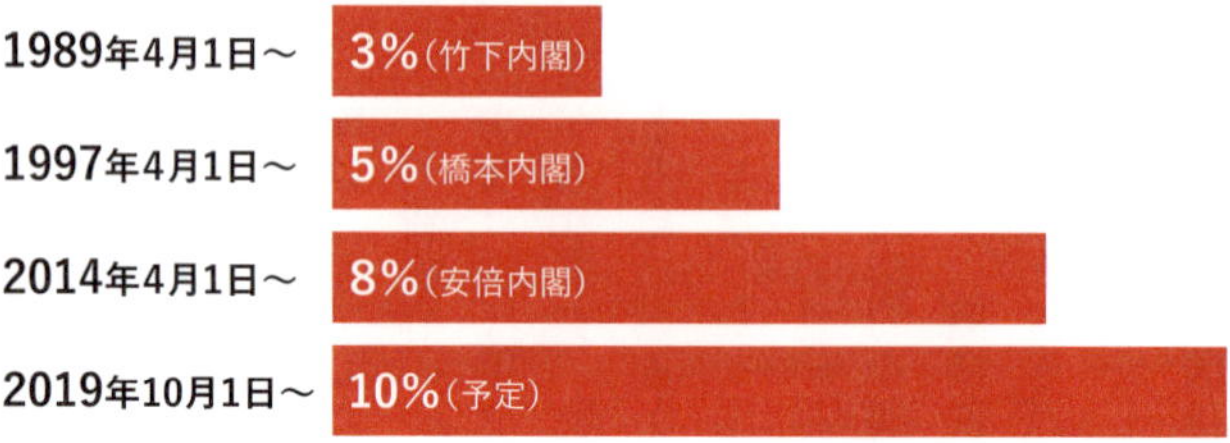


※2014年11月＝2015年10月の税率10%への引き上げを2017年4月に1年半延期。
※2016年6月＝2017年4月の税率引き上げを2019年10月に2年半延期。

## 世界の消費税（付加価値税）

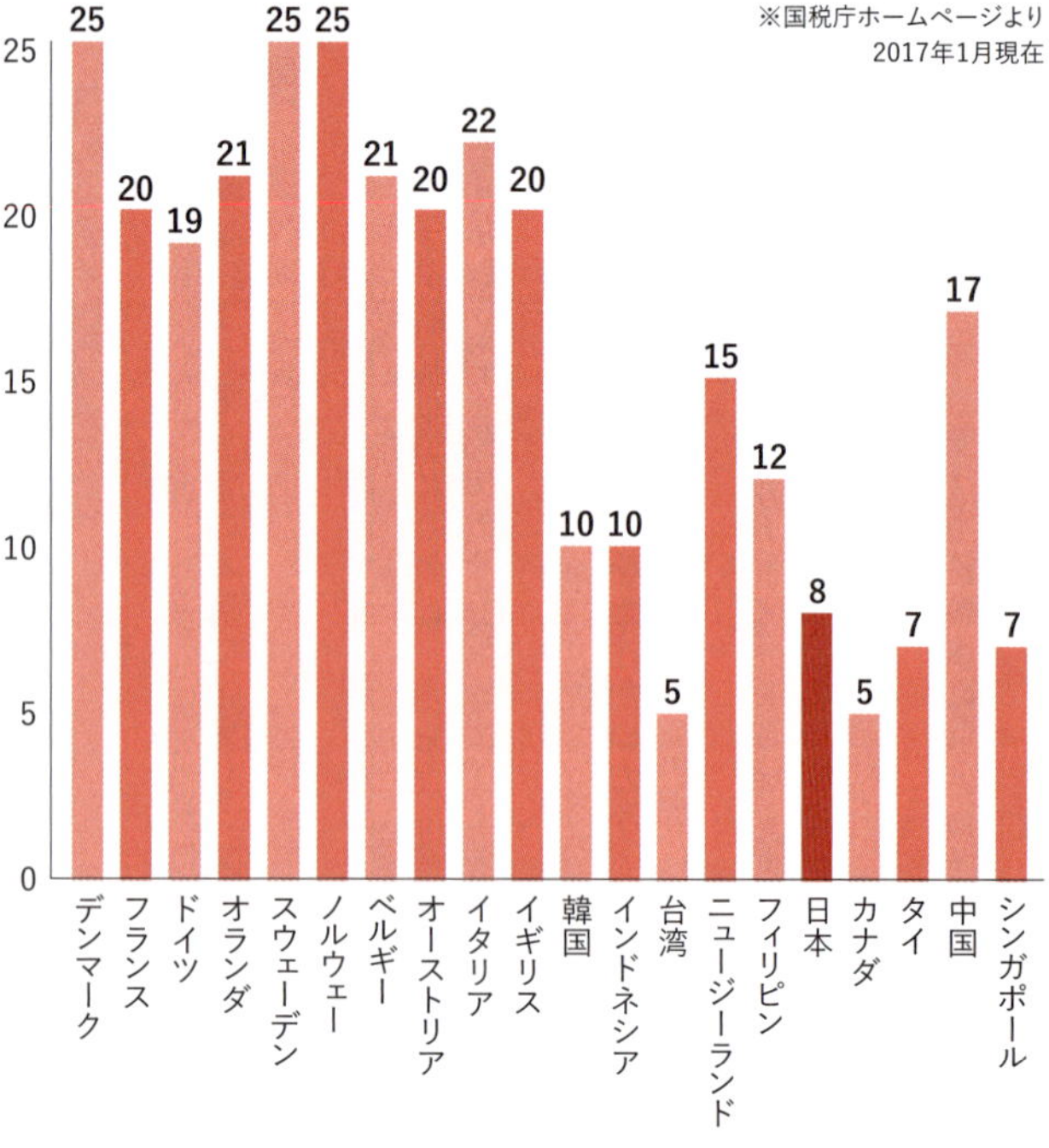

# 10 ≫ 劉暁波と天安門事件

平成元（1989）年6月

2017年7月13日、**ノーベル平和賞を受賞した劉暁波《りゅうぎょうは》氏**が死去したことは記憶に新しいですね。彼は、1989年に起きた天安門事件で、軍との交渉役など中心的な役割を担い「反革命罪」で投獄されました。その後釈放され別の罪で再び投獄されますが、その活動が評価され、2010年にノーベル平和賞を受賞したのです。

では、天安門事件とはどんな事件だったのか。

**天安門事件は、中国共産党の軍隊である人民解放軍が北京《ペキン》の天安門広場に突入し、民主化を求める学生や市民を武力で排除した事件**のことです。中国共産党は、この事件を「**なかったこと」にしようとしています。**実際、中国国内のネットで「天安門事件」あるいは「六四」（6月4日に起きたから六四）などのキーワードで検索しても、検閲にひっかかり表示されることはありません。

天安門事件に至るまでの中国をざっくり振り返っておくと、中国は、社会主義（マルクス＝レーニン主義）を掲げたソ連の仲間の国でしたよね。でも、いつしかソ連と仲間割れをしてしまいます。社会主義陣営が二分されたのです。

理由は、スターリンの死後、**第一書記になったフルシチョフが、スターリン批判を行ったから。**フルシチョフは、「スターリンは冷酷な独裁者だった。多くの無実の人に対する大虐殺を行ったり、強制収容所に入れたりした。個人崇拝も進めた」と暴露します。

理想を目指したはずのソ連が、独裁者スターリンによってとんでもないことになっていた。世界は初めてスターリンの実像を知ります。

これに不満を持ったのが中国の建国者・毛沢東でした。中国では、スターリンを手本に毛沢東の個人崇拝が始まっていたからです。フルシチョフは自分をあてこすって批判したのではないか。そう受けとめて、一気にソ連に対する不信感が高まり、やがて**中ソ対立へと進んでいった**のです。

しかし1980年代になると、ソ連はミハイル・ゴルバチョフによるペレストロイカ(改革)、中国も改革開放路線へと転換し、徐々に関係を修復します。ソ連と中国で軌を一にして民主化のうねりが起きていたのです。1989年には、ソ連のゴルバチョフが中国を訪問します。

天安門事件は、ソ連のゴルバチョフ訪中に合わせて北京に来ていた外国報道機関によって世界中に民衆弾圧の映像が流され、皆が知ることになりました。

劉暁波氏は、デモ隊のリーダーを支える立場にいました。6月4日の未明、軍が天安門

## 天安門事件は日中関係にも大きな影響を与えた

**天安門事件**
1989年6月4日、中国・北京の天安門広場に
民主化を求める学生たちが集結したことに対し、
中国人民解放軍が武力で弾圧した事件。

↓

**中国共産党は、こうした事件が起こったことを憂慮した。**

↓

**一大愛国運動を始める。**
(その一環として、反日的な教育なども行われた)

学生たちを排除し、弾圧するために人民解放軍の戦車が出動した。その戦車の前に学生がたった1人で立ちはだかった。全世界に報道された有名な写真。

写真:ロイター/アフロ

天安門広場。正面に見えるのが天安門。門の真ん中には毛沢東の肖像画が掲げられている。

広場に入ろうとする。学生たちがそのまま天安門広場にいたら、戦車や装甲車の下敷きになって死んでしまいます。そこで「彼らを避難させるから、軍隊が入るのを待ってくれ」と交渉したのが彼だったのです。

天安門事件のリーダーたちは、次々と海外へ逃げて行きました。劉暁波氏は彼らが捕まらないように支援活動をしていました。

学生リーダーの1人だったウーアルカイシ氏は2017年、日本外国特派員協会で会見し、「中国政府は私の先生を殺した」と非難しています。また「天安門事件のようなことは、もう一度起こると思う」とも。

劉暁波氏の死を受けて、中国の民主化運動は今後どう動くのでしょうか。

# 11 ≫ ハンガリーが壁に穴をあけた

平成元(1989)年

「鉄のカーテン」演説をしたのは、チャーチルでした。

ヨーロッパは東西に分断され、「まるで鉄のカーテンが下ろされたように、東側で何が行われているか見えなくなった」ということです。**この鉄のカーテンを開放する動きは、ハンガリー政府によるオーストリアとの国境の開放から始まりました。**

まず、ハンガリーが民主化します。ハンガリーも東側の国でしたから、西側であるオーストリアとの国境には「電気フェンス」が張り巡らされ、国境警備隊が警備していました。

しかし冷戦末期には、ハンガリーも経済的に行き詰まり、完全に破綻《はたん》状態でした。自慢の電気フェンスも、たびたび誤作動を起こすようになっていました。

そんな中、首相に就任したのがネーメト・ミクローシュという当時40歳の経済学者です。彼はオーストリアとの国境に張り巡らされた電気フェンスの維持管理費が国の財政を圧迫していることを知り、この項目を予算から削除することを決めます。

そして**1989年、国境の鉄条網を切断する**のです。

ハンガリーは自由な国になったので、もう国民はオーストリアに逃げる必要はありません。一方で当時、東ドイツは、同じ東側のチェコスロバキア、ハンガリーと「観光ビザ免除協定」を結んでいました。東ドイツの国民は「観光です」と言ってチェコスロバキアに入り、チェコから「観光です」とハンガリーに入ります。ハンガリーへ入ってしまえばそのまま西側のオーストリアへ自由に行ける。オーストリアにある西ドイツ大使館へ行けば、西ドイツへの亡命が可能です。結果として、東ドイツの人々はハンガリー経由で西ドイツへ脱出しようと、続々とハンガリーに集まってきました。

焦った東ドイツは、チェコスロバキアへの出国を禁止します。これに怒った東ドイツの国民は、国内で激しい反政府デモを展開します。遂には、東ベルリン市民がベルリンの壁に殺到。これがベルリンの壁崩壊につながったのです。

ですから**ハンガリーは、ベルリンの壁崩壊のきっかけをつくった国**なのです。

ところが2015年9月、ハンガリー南部の村で、セルビア国境を越えて押し寄せる難民を、足で引っ掛けて転ばせた女性カメラマンがいたのを覚えていますか？　彼女はハンガリーの右派系テレビ局のカメラマンでした。

冷戦時代はハンガリーが鉄条網を取り払ったことで、東西ドイツが統一に動き出したのに、そのハンガリーが今度は難民を食い止めるため、**セルビアとの国境に全長175㎞に及ぶ鉄条網をつくってしまったのです。**実に皮肉なことです。

## ハンガリーがベルリンの壁崩壊のきっかけをつくった

1989年、ハンガリーが
オーストリアとの国境にある鉄条網を撤去。

⬇

ハンガリーとオーストリアの間では
自由に行き来できるようになる。

⬇

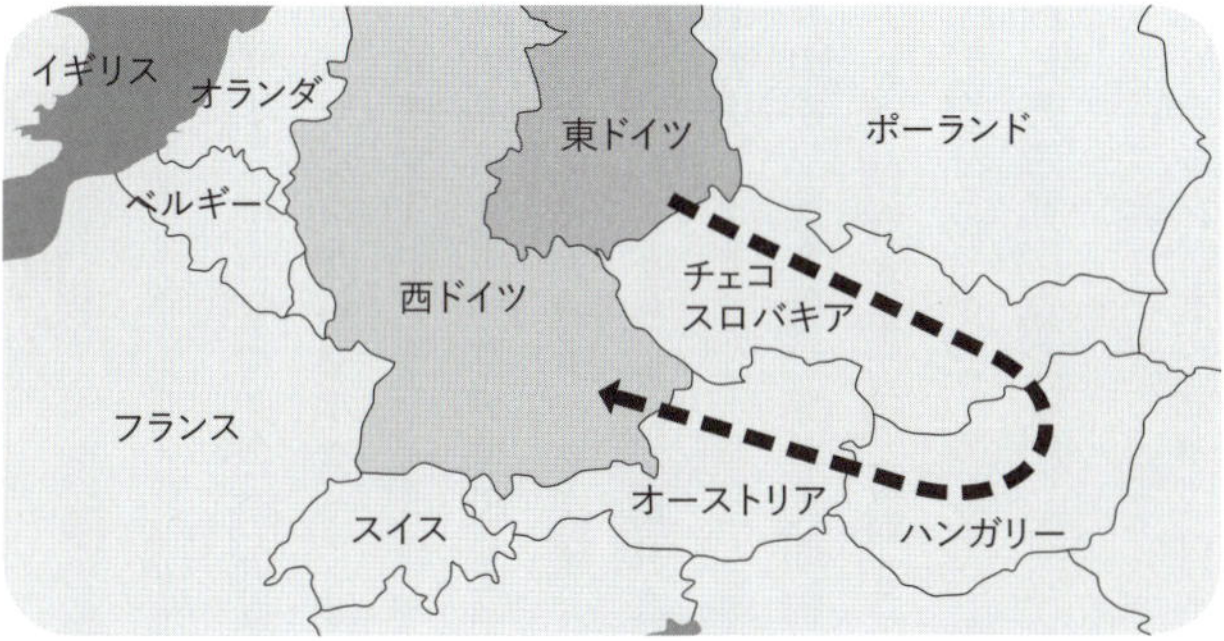


東ドイツ→チェコスロバキア→ハンガリー→オーストリア→西ドイツ
という流れができる。

⬇

**ベルリンの壁崩壊のきっかけになった。**

**しかし、現在のハンガリーは…**

EUへの難民・移民防止のために、
2015年9月、ハンガリーはセルビア国境を封鎖。
**「ベルリンの壁崩壊のときとは逆の動きをとってしまった」**

# 12 ≫ マルタ会談って何？

平成元（1989）年12月

米ソの冷戦は1945年のヤルタ会談から始まり、**1989年のマルタ会談をもって終結**しました。よく**「ヤルタからマルタへ」**といわれます。

ベルリンの壁が崩壊する中、地中海上のマルタ島において、アメリカのブッシュ（父）大統領と、ソ連のゴルバチョフ書記長が首脳会談し、ついに冷戦終了を宣言したのです。

その後、1990年には東西ドイツが統一。1991年には、ソ連が解体されます。

超大国同士の睨《にら》み合い、どちらかが折れないと終わりません。東西冷戦を終わらせるために、ソ連が折れたといえます。

それまでアメリカがソ連を恐れていた理由は、軍事力だけではありません。

ソ連は、国家としては資本主義国に対して戦争など仕掛けません。でもコミンテルン（社会主義の司令塔のようなもの）として、共産主義インターナショナルをつくり、世界の資本主義国家内にある共産党を支援し、**それぞれの国で共産主義革命を起こさせようとしました。**

たとえば、コミンテルン日本支部が「日本共産党」になり、中国支部が「中国共産党」

になります。中華人民共和国が成立すると、中国も鎖国のような状態になり、何の情報も入ってこなくなったので、西側のマスコミはこれを「竹のカーテン」と呼びました。

ソ連は崩壊しましたが、まだ中国は崩壊していません。2017年現在で一党独裁制の社会主義国として残っているのは中国、ベトナム、ラオス、北朝鮮と、中米のキューバ。しかし、ベトナムも中国と同じように、市場経済を採用しています。

ソ連はアフガニスタン戦争でお金を使い、アメリカに負けじと核開発競争をして軍事費がかさみ「もうこれはダメだ、お金がない……」ということになりました。

いよいよソ連に白旗を揚げさせたのは、**ロナルド・レーガン大統領時代に提唱した〝スターウォーズ計画〟**でした。レーガンは「アメリカ本土へ向けて飛んできた弾道ミサイルを迎撃し、完全に無力化する」と宣言しました。実はまだ、技術的に未完成だったのです。**軍拡を進めるソ連に対抗するためのプロパガンダだった**のですが、ゴルバチョフは真に受けたのです。

ソ連の解体は1991年12月。すでに民主主義の伝統があったバルト三国（エストニア、ラトビア、リトアニア）はソ連が崩壊する前に独立を果たしていたので、残りの12カ国が解体しました。

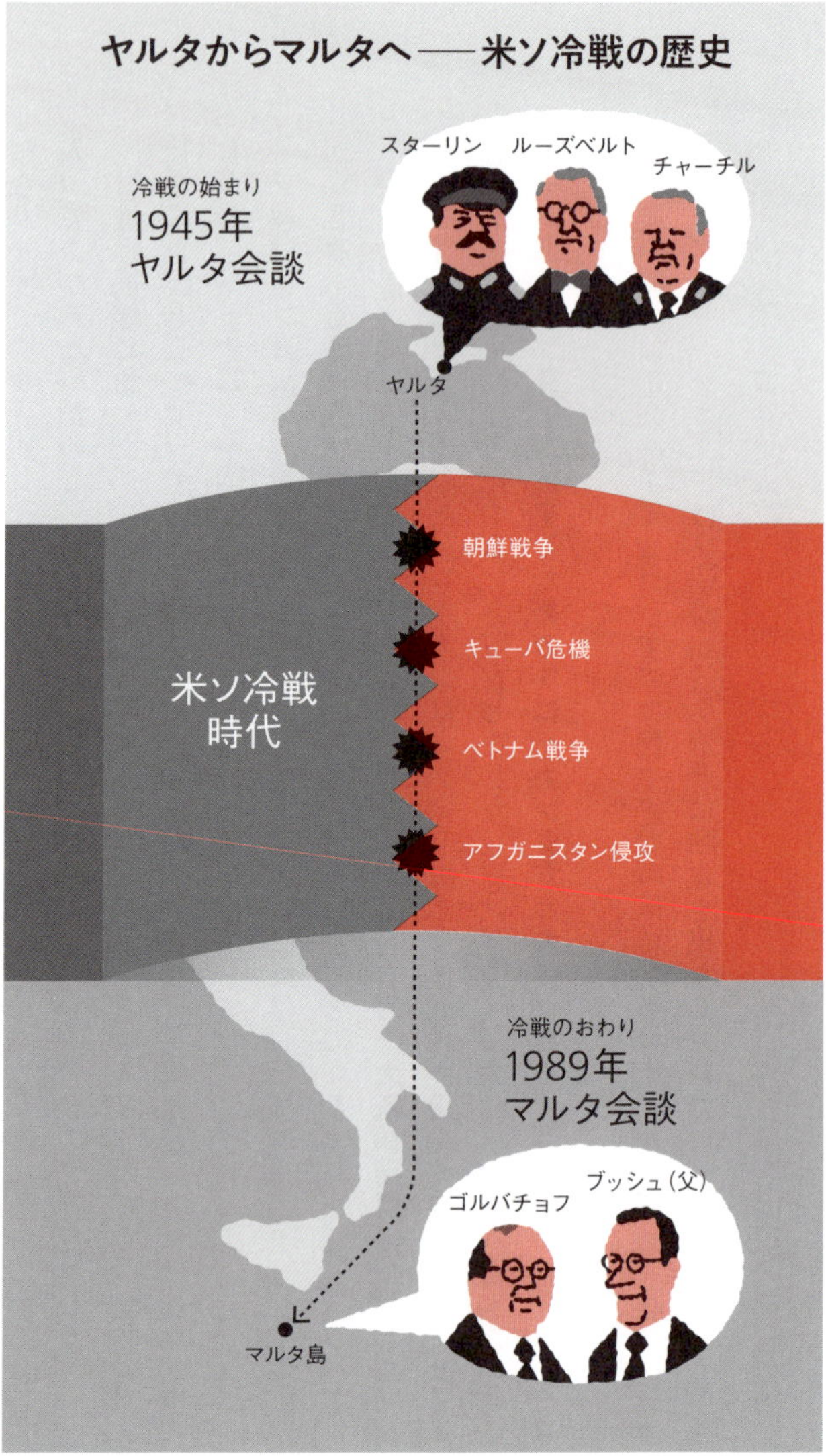

ヤルタからマルタへ——米ソ冷戦の歴史
冷戦の始まり
1945年
ヤルタ会談
スターリン
ルーズベルト
チャーチル
ヤルタ
朝鮮戦争
キューバ危機
ベトナム戦争
アフガニスタン侵攻
米ソ冷戦
時代
冷戦のおわり
1989年
マルタ会談
ゴルバチョフ
ブッシュ(父)
マルタ島

# 13 ≫ 秀逸！ 平野ノラのバブル芸

1985年9月～

タレントの平野《ひらの》ノラさんが、バブル時代を思わせる衣装を着て「しもしも～？」と、巨大な携帯電話（ショルダーフォン）を肩からかけ、バブル用語を連発しているのを見たことがあるでしょう。バブル当時を知っているものとしてはまさに「バブルあるある」で、実に特徴を捉《とら》えているなと思います。

なぜいまバブルのころのことが取り上げられるようになったのか。ちょうどあれから30年くらいが経ちますね。過去を振り返ると、大小はありますが30年ごとにバブルが起きているんです。どうしてだと思いますか？

バブルの最中はみんな浮かれるんです。でも、はじけた途端、悲惨な思いをして「二度とバブルに踊らない」と思う。そういう人たちが経済の中にいる限り、バブルは起きません。でも、バブルの中心にいた人たちがリタイアし、**バブルがなぜ起きたか知らない人たちが経済の中心を担うようになると、またバブルが発生する。**そろそろかもしれません。

よく、バブル時代の象徴としてディスコ「ジュリアナ東京」（東京・芝浦。1991年開店、1994年8月31日閉店）のお立ち台でジュリ扇（「ジュリアナ東京」で使われていた羽扇子）を持って踊っている女性たちの姿がテレビで放送されますが、実はあれはバブルがはじけた後だったのです。バブルがはじけても、世の中にはしばらくバブル気分が残っていたのですね。バブルについてはいろいろな定義があると思いますが、私はこう定義します。**「モノの価値がその実力を超えて上昇することに伴う過熱景気」**。

1980年代後半には、東京23区の土地の値段でアメリカ全土が買えるといわれました。あくまで計算上ですが、そんな状態になっていたのですね。

よくバブルの頃のイメージは？　と聞くと、「六本木《ろっぽんぎ》で豪遊し、夜タクシーを拾おうと1万円札で停めた」という答えが返ってきますが、1万円では停まってくれないという実感もありました。1万円以内の距離だと思われてしまうからです。私は先輩から「白い紙を振れ」と言われました。白い紙なら、取引先に渡すタクシー券だと思って停まってくれる。1万円以上の支払いの可能性があるとタクシー運転手が考えてくれるというわけです。いかに異常だったか、いかに浮かれていたかがわかるでしょう。いまでは信じられないバブル時代でした。そもそもバブルが起きたきっかけは何だったのでしょう。

きっかけは**1985年、プラザ合意**です。

アメリカのニューヨークにプラザホテルという5つ星の豪華ホテルがあります。9月、ここで先進5カ国（アメリカ・イギリス・フランス・西ドイツ・日本）の蔵相会議が開かれました。日本からは当時の竹下登《たけしたのぼる》大蔵大臣が出席しました。当時、ドイツはまだ西ドイツでした。1970年代から1980年代にかけて、日本経済は驚異的な発展を遂げ、日本製品が大量にアメリカに流れ込みました。アメリカ企業が日本企業に太刀打ちできず、どんどん景気が悪化する。自国の輸出を伸ばすために、日本の品物が入ってこないようにするにはどうしたらいいか。**アメリカは「ドルを安くすればいい」と考えます。**

輸出産業には自国通貨が安いほうが有利です。たとえば、日本のお菓子メーカーが、チョコレート1枚＝1ドルでアメリカで売るとしましょう。円が100円のときは1枚売れたら100円が入ってきますが、120円だと1枚売れたら120円が入ってきます。100円が120円になるということは円の価値が下がる＝円安です。**輸出を伸ばすには、自国通貨が安いほうが有利になる**のです。

アメリカはドルを安くしたいから、周りの国に「どうか協力してください」と呼びかけます。とくに当時、景気がよかったのは日本と西ドイツでしたから、「あなた方の通貨をもっと高くして、アメリカ経済を助けてください」と頼まれたわけです。

アメリカ経済が駄目になると、世界経済が駄目になるから協力しようじゃないか。日本も西ドイツも要求に応《こた》えました。ドル安にするためには、手持ちのドルをどんどん売って円を買います。1ドル238円が、あれよあれよという間に122円になりました。

計算上は、日本の自動車会社にしてみれば、アメリカで1万ドルの車が1台売れれば238万円が入って来ていたのに、122万円しか入ってこない（なので値上げすることになります。すると車は売れなくなります）。**輸出企業は大打撃を受け、日本に「円高不況」が訪れました。**日本は景気対策をしなければなりません。

景気対策にはいろいろなやり方がありますが、この時、日本銀行は5回にわたって公定歩合（当時の基準金利）を引き下げました。公定歩合を引き下げることによって世の中の金利を下げ、お金を借りやすくし、企業に借りてもらおうと考えたのです。5％だった公定歩合が1987年には2・5％になりました。これは戦後最低の公定歩合でした。

**企業は銀行からお金を借りて何を買ったか、というと土地でした。**背景には「土地神話」があります。日本は国土が狭いし、山が多いから平地は限られている。土地の価格が下がるなんてありえないから、金利が安いうちに銀行から借りて土地を買っておこう。土地を買うと、その土地が担保となります。今度はその土地を担保にお金を借り、また土地を買う。こうして土地の値段がどんどん上がっていきました。

1970年代から1991年の間に、地価は全国平均で4倍（6大都市なら6倍程度！）に跳ね上がりました。マンションも高騰し「億ション」という言葉も誕生しました。

## バブルが生まれた

**バブルのきっかけは1985(昭和60)年「プラザ合意」**
主要国の大蔵大臣と中央銀行総裁が集まって、
ドル安協力体制に合意

⬇

**急激な円高が日本を襲う**

⬇

**円高不況に**

⬇

**大幅な金融緩和の実施**

⬇

**バブルへ**

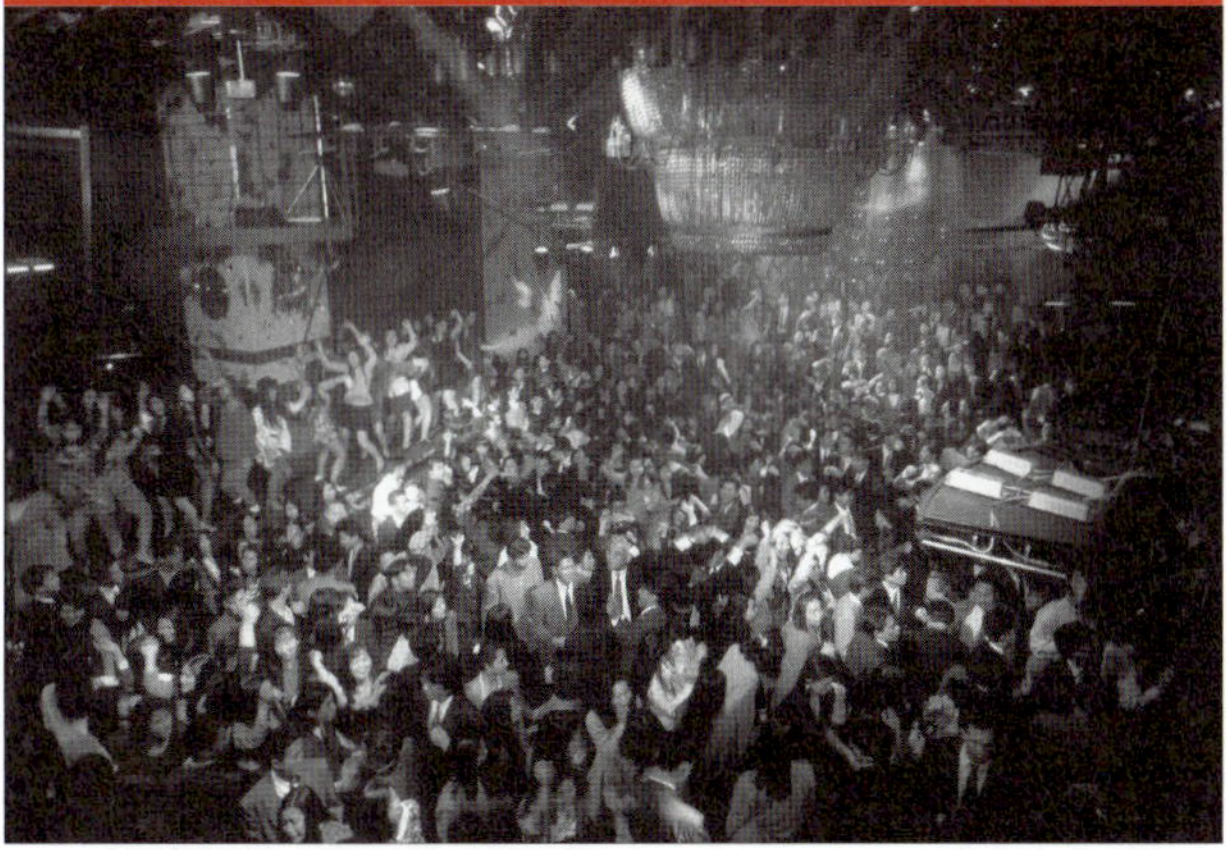

ジュリアナ東京(東京・芝浦)。ワンレン(ワンレングス)、ボディコンの女性たちがお立ち台の上で、羽根つき扇子を振り回して踊った。ジュリアナ東京は、1991年(平成3年)5月15日〜1994年(平成6年)8月31日の営業で、実はバブルが崩壊したあとの営業だったのだが、バブルの象徴とされた。

写真:Fujifotos/アフロ

バブルを膨らませたもう1つの要因がNTT株です。特殊法人だった電電公社が1985年に民営化されNTT（日本電信電話）が誕生。もともと国が保有していた会社の株ということもあり、発売前から注目を集めました。売り出し価格は119万円。申し込んで抽籤《ちゅうせん》で当たった人しか買えませんでした。いざ上場したら、初日からどんどん値段が上がり、2カ月後には318万円に達しました。一挙に200万円の儲《もう》けです。これをみんなが見ていて「株って儲かるんだ……」と、全く株に関心のなかった主婦までが株取引を始め、空前の株ブームに突入しました。

こうして1985年に1万2000円台だった日経平均株価は、1989年12月29日、3万8915・87円（終値）の史上最高値をつけます。

その一方で、これからマイホームを持ちたいというサラリーマンの不満が高まってきました。コツコツと頭金を貯めていたのに、これでは一生家が持てないというわけです。

あの頃、「シーマ現象」がありました。日産自動車が生産・販売する1台500万円もする高級セダン「シーマ」が飛ぶように売れたのです。買った人の中には「マイホームの頭金を貯めていたけど、夢になったのでやけになって買った」という人もいました。政府は何をしているんだ！　行き過ぎた地価高騰にブレーキをかけなければいけない。サラリーマンが家を持てるようにしなければいけない。そのような空気が生まれてきたのです。

# 14 ≫ 政府によるバブルつぶし

平成2（1990）年〜

大蔵省（現在の財務省）と日銀は、バブルつぶしの3つの策を打ち出しました。

まずは「**総量規制**」（1990年3月〜）です。地価が上がるのは、銀行が土地を買うお金を貸すからだ。銀行に対して、不動産業者にお金を貸してもいいけど「他の産業に貸すのと同じくらいの伸び率にしなさい。不動産業者にはほどほどにね」と指導しました。

でもこれ、端的に言えば「不動産会社に金を貸すな」と言っているのです。

当時の大蔵省は銀行に対して絶大な力を持っていましたから、大蔵省がそう言うなら銀行は従います。不動産業者が「お金を貸して」と頼んできても、「大蔵省の指導がありますので」と断る。**突然、土地を買う人がいなくなりました。土地の需要が消えたのです。**需要がなくなれば値段は下がります。

また「**地価税**」を導入しました。土地を持っていると土地に税金がかかる状態にすればみんな手放すだろうと、新しい税制度を導入したのです。

さらに、**日銀は金利を引き上げました。**2・5％だった公定歩合を、最終的に6％まで引き上げたのです。借りようと思っても高い金利でないと借りられないので「やーめた」

と、土地を買う人がいなくなりました。

**この3つの政策を同時にやったため、需要と供給の関係で地価は大暴落したのです。**

1つずつなら、なんとかバブルを軟着陸させることができたかもしれません。**徹底したバブル退治が行き過ぎたのですね。**強引過ぎました。

銀行がお金を貸し出すとき、貸したお金が順調に返ってくるのは優良債権といいます。**貸したけれど返してもらえないのは不良債権**です。

「150億円を貸していたのに、いま担保の土地をもらったって80億円にしかならないじゃないか」となれば、銀行は不良債権処理をしません。先送りにします。先送りにすると、またどんどん下がっていく。困った金融機関が手を染めたのが、〝飛ばし〟です。ペーパーカンパニーをつくり、150億円の土地が100億円で売れたというかたちをとって、所有をペーパーカンパニーに移すのです。帳簿上は不良債権が消えてなくなります。名だたる金融機関がこういうことをやっていたのです。

## 3つの政策を同時に行った強烈なバブルつぶし

# 15 ≫ イラン・イラク戦争でイライラ

平成2（1990）年8月

1989年のマルタ会談にて、アメリカとソ連が歩み寄り、冷戦が終了します。それまで、お互いが「第3次世界大戦にならないように」と、仲間の国を抑えつけていたのですが、すでにソ連は崩壊寸前だし、アメリカは「資本主義が勝った」と浮かれている。もう、抑えつけられることはない。**タガがはずれて暴走したのがイラク**です。**1990年8月、イラクのサダム・フセイン大統領は隣国のクウェートに侵攻**、またたく間に全土を制圧しました。イラクはクウェートに対して不満を持っていたのです。「イラン・イラク戦争」で何の手伝いもせず、自分だけ石油を掘ってリッチになっていたからです。

中東はアラブ人が圧倒的に多いのですが、イランはペルシャ人の国。犬猿の仲です。イラクにしてみれば、アラブ人を代表してイランに戦争をふっかけてやったのに、クウェートは知らん顔。イラクとクウェートの国境地帯の油田は地下でつながっているので、「自国の資源が盗まれている」というわけです。イラクは戦争で疲弊し、多額の借金もできてしまいました。クウェートを占領すれば、借金を返すこともできます。

でも、そうは問屋がおろしませんでした。アメリカは怒り、国連安全保障理事会を開いてクウェートから撤退するように要求します。翌1991年1月15日までに撤退しないと、武力行使を加盟国に認めるという決議を行いました。

イラクは撤退しなかったので、アメリカ軍を中心とした多国籍軍はイラクを攻撃します。これが「湾岸戦争」（1991年1月17日〜2月28日）です。この結果、イラク軍はクウェートから撤退しました。

**湾岸戦争は、東西冷戦が終わったことで起きた戦争**であるといえます。米ソ対立の東西冷戦の大きな枠組みが崩れたことで、イラクが動いたわけです。

では、この湾岸戦争に、日本はどのように関わったのか？「憲法第9条」がありますから自衛隊は派遣せず、お金だけ出しました。これが非難され、〝トラウマ〟となります。

## 冷戦終結が生み出した湾岸戦争

1990年8月
イラクのフセイン大統領がクウェートに侵攻。

国連安保理がイラクに対して1991年1月15日までに撤退するよう求める

フセイン大統領はそれに応じず。

**1991年1月　湾岸戦争勃発**
アメリカを主力とする多国籍軍 × イラク

同年2月28日、多国籍軍勝利。
イラク軍撤退へ

アメリカ軍50万を主力とする多国籍軍は、1991年1月17日、「砂漠の嵐」作戦を決行し、イラクVS多国籍軍による湾岸戦争が始まった。攻撃の様子は、アメリカのCNNで放送されるなど、まるでテレビゲームのような戦争とも称された。
写真:Shutterstock/アフロ

# 16 ≫ 「湾岸トラウマ」でPKO協力法が成立

平成4(1992)年

イラクがクウェートを攻撃したから、湾岸戦争が起きました。

そもそも、**イラクのフセインを育てたのはアメリカといえます。** 1979年2月、イランで革命が起こり、アメリカ寄りの政権が倒されると、アメリカは対抗して隣の国のイラクに武器や技術を輸出したのです。

でも、湾岸戦争では、そのアメリカにミサイル攻撃されます。アメリカ主導の多国籍軍に、アジアからは韓国も参加しているのですが、日本は多国籍軍に参加しませんでした。憲法第9条があるからです。国連では1956年から「世界の平和をみんなで協力して守りましょう」とPKO(国連平和維持活動)が始まっていましたが、**日本はPKO参加を断り続けていました。**

しかし、湾岸戦争を機に変わりました。**130億ドル(当時の金額で1兆5000億円弱)もの資金を多国籍軍に提供したにもかかわらず、世界から非難されたから**です。最初に40億ドルを出したのですが、「足りない」と言われ、90億ドルを追加しました。

このとき支払額をドル建てで発表していたため、その後、急激な円安が進み、結局、さらに5億ドルを追加支出しました。

湾岸戦争が終わった後、クウェート政府は「クウェート解放のために努力をしてくれた国々」として、**アメリカの主要な新聞に感謝広告を出しました。その中に、日本の名前はありませんでした。**

この結果、「金だけ出すのではなく、汗もかかなければ」と、自衛隊の海外派遣が議論になり、1991年、自民党によって「国連平和維持活動協力法（PKO協力法）案」が提出されたのです。

1992年には、法案の採決に際して、当時の社会党や共産党が「牛歩戦術」（投票の時、呼名された議員が牛の歩みのようにゆっくりと歩き、審議を引き延ばす戦術）を13時間も続け、国会は紛糾しましたが、**1992年6月15日に法案が成立。国連が編成するカンボジアPKOに部隊を派遣しました。**

その後も、モザンビークやゴラン高原、東ティモールなどに派遣を続けましたが、いずれも国連の要請に基づく「国連の枠内」での活動でした。それが変質するのは、2001年9月に起きた、アメリカ同時多発テロです。

## 日本のPKO協力

**PKO = 国際連合平和維持活動**

1991年の湾岸戦争をきっかけに、
国際貢献のための自衛隊の海外活動が広がっていった。

**主なPKO活動**

| | |
|---|---|
| 1992〜1993年 | **カンボジア**<br>国連カンボジア暫定統治機構(UNTAC) |
| 1993〜1995年 | **モザンビーク**<br>国連モザンビーク活動(ONUMOZ) |
| 1996〜2013年 | **ゴラン高原**<br>国連の兵力引き離し監視軍(UNDOF) |
| 2011〜2017年 | **南スーダン**<br>国連南スーダン派遣団(UNMISS) |

など。

そのほかに、●**特別立法に基づく活動**…ソマリア沖・アデン湾海賊対処など
●**国際緊急援助活動による活動**
なども行っている。

# 17 ≫ 東京佐川急便事件とは

平成4(1992)年10月〜

1992年10月、リクルート事件に次いで、**またも政治家の汚職事件が発覚しました。東京佐川急便事件です。**

東京佐川急便とは、運送大手の佐川急便のグループ会社。この事件は、首相になりたかった自民党田中《たなか》派の竹下登（ミュージシャン・タレントのDAIGOさんの祖父）が、恩義のある田中角栄《かくえい》を裏切って自分の派閥「創政会（のちの経世会）」を旗揚げしたことで、暴力団や右翼団体からいやがらせを受けていたことに端を発します。竹下は田中の子飼いだったのに、その田中派の金丸信《かねまるしん》や小沢一郎《おざわいちろう》と共に、世代交代を求めて派閥をつくるのです。彼らは俗に金竹小《こんちくしょう》と呼ばれました。

竹下登は困って、盟友・金丸に相談します。その金丸が相談したのが、政界のタニマチ的存在であり、裏社会とのパイプがあった当時の東京佐川急便の渡辺広康《わたなべひろやす》社長でした。

これを機にいやがらせは終わったのですが、東京地検の捜査により、渡辺社長が右翼団体に資金提供をしていたことが明らかになります。捜査が進むと、竹下派会長で党副総裁の金丸信も、同社から5億円の闇献金を受けていたことがわかりました。

しかし、5億円ももらっていましたが、当時の政治資金規正法では限界があり、金丸は、逮捕されないどころか東京地検特捜部の呼び出しに応じられないと言って、取り調べも受けず、上申書を提出しただけで、罰金20万円の略式命令で終わってしまいました。世論は怒り、竹下内閣は崩壊しました。

東京佐川急便事件では、金丸信が東京地検に出頭する様子をテレビカメラにおさめようと、マスコミが家の前に殺到したのですが、その時、金丸は「外へ出られねーわ」と家で麻雀《マージャン》をしていたそうです。世間をなめていたのでしょうね。

金丸は東京佐川急便事件では、逮捕はされなかったのですが、その後、東京国税局が脱税の容疑をつかみます。金丸を逮捕できず、地団太を踏んだ東京地検特捜部に助け舟を出したのが東京国税局というわけです。

1993年、東京国税局は日本債券信用銀行（現あおぞら銀行）が作成した、金丸の巨額蓄財の証拠となる資料を手に入れます。脱税の疑いで調べると、自宅から無記名の割引金融債券と金の延べ棒が出てきました。

闇で受けた献金を、日本債券信用銀行の金融商品である割引金融債（ワリサイ）を購入して隠していたのです。

東京佐川急便事件ではなく、脱税で逮捕されたのです。国民の政治への信頼はすっかり失墜してしまいました。

金丸の失脚後、小沢一郎は羽田孜《はたつとむ》とともに経世会を離脱、自民党を出て新党をつくります。竹下派は分裂することになりました。今度は小沢が竹下を裏切るのです。その後も自民党からの大量離脱が発生し、選挙でも過半数を回復できず、ついに自民党は与党から転落します。細川護熙《ほそかわもりひろ》を首相とする連立政権の誕生です。**1955年から38年間続いた「55年体制」の崩壊**です。

「55年体制といわれても、チンプンカンプン」という人のために、もう一度ざっくりと日本の政治を振り返っておきましょう。

アメリカとソ連の冷戦が激化していた1955年当時、国内では「自民党」と「社会党」が対立していました。これはいわば冷戦の国内版です。

それ以前、社会党は「社会党右派」と「社会党左派」に分かれていました。日本は戦後、サンフランシスコ講和条約を結ぶわけですが、「ソ連や中国とも講和条約を結ぶべきだ」と主張したのが社会党左派。「アメリカ側とだけでも仕方がない」というのが社会党右派です。

でも、分かれていてはいつまで経っても政権が取れません。この際、一緒になろうと妥協します。

これに危機感を抱いたのが保守勢力です。東西冷戦の下で、ソ連や中国と仲良くしようと言う社会党が政権を握ったら、日本が社会主義の国になってしまうのではないか。保守勢力は当時「自由党」と「日本民主党」に分かれていたのですが、ここはこっちも団結しようとできたのが「自由民主党」です。

いってみれば、社会党も自由民主党もどちらも「野合」（共通する意見がないバラバラの集団が、まとまりなく集まること）なのです。

ただ、自由党と日本民主党に関しては、「この点だけは一致する」という意見がありました。それが「憲法改正」です。

かくして**「改憲・保守・安保護持」の自民党と、「護憲・革新・反安保」の社会党の2大政党による55年体制が始まる**のです。

後になってわかるのですが、「日本が社会主義の国になったら困る」と、アメリカのＣＩＡが自民党を支援し、資金を提供していました。

世界各国では「憲法を守ろう」というのが伝統的な保守・右派で、「憲法を変えよう」というのが革新・左派の姿勢です。しかし日本では「憲法を守れ」と主張するのが革新。ねじれているのは、世界的に見るととても不思議な光景です。

自民党がなぜ長期政権を維持できたのか。２つ理由があると思います。

当時はまだ、東西冷戦時代です。世界がアメリカチームとソ連チームに分かれていた。野党の最大勢力は社会党だったわけですが、社会党はソ連寄りの政策をとっていたり、日米安保条約に否定的だったり、あるいは自衛隊は憲法違反だと主張したりします。すると、社会党に投票する人もいるにせよ、「社会党の政策は、どうも非現実的だよね」と思う人のほうが多数派で、政権交代までには至りませんでした。

もう1つは、当時、自民党内部には派閥がたくさんあって、**それぞれの派閥のトップが首相になりたいと激しい戦いを繰り広げていたことです。派閥によって考え方が違うので、新しい首相が生まれることによって政権交代をしたような気分になる。**疑似政権交代で満足する人もいて、社会党による政権交代をあえて望まず、38年間も自民党政権が続いたのです。

しかし、自民党政権が続く中で腐敗が生まれ、東京佐川急便事件で国民の政治不信は頂点に達します。1993年の総選挙では、自民党は過半数の議席を取れませんでした。

過半数の議席を取れなかった場合、「与党」になりたければ、他の党と連立を組むしかありません。

## 55年体制とは?

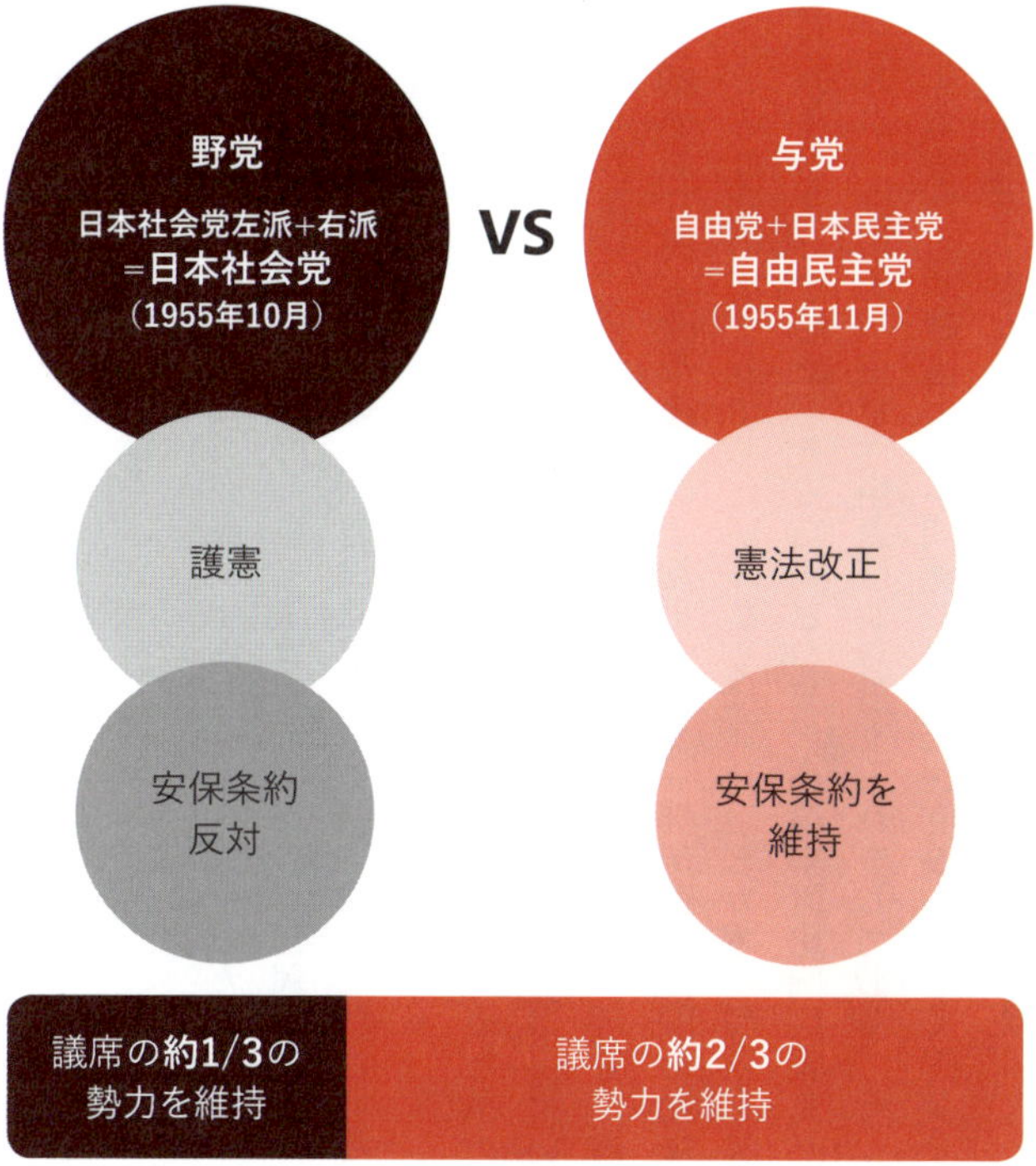


⬇

**この対立関係が**
**1993年の細川内閣成立まで続いた。**

# 18 ≫ 細川内閣（非自民・非共産）が誕生



**1993年の総選挙はミニ政党ブーム**でした。躍進したのが、細川護熙率いる日本新党です。とはいっても、いちばん多く議席を取ったのは自民党だったのです。でも、過半数は大きく割り込んでいたので、**自民党以外の党が一緒になれば、与党になれる。自民党以外が政権を取ることが、現実的になってきました。**

ここで自民党を出て、羽田孜とともに新生党をつくっていた策士・小沢一郎がウルトラCを考えつきます。「見栄えのいい、熊本の殿様の末裔《まつえい》・細川護熙を首相にしよう」。そして新生党、社会党、公明党、民社党、社会民主連合、日本新党、新党さきがけと参議院の院内会派である民主改革連合の7党1会派で、細川連立内閣を発足させたのです。

いろいろな党の集まりでしたが、ここは「政治とカネの問題を解決すべき」という一点で意見がまとまりました。その結果として、小選挙区比例代表並立制を導入しました。ところが、細川も、東京佐川急便から借り入れをしており、その未返済疑惑が明らかになります。**またもや政治とカネ問題です。**自民党から激しく追及され、返済の**しっかりとした証拠を提示できないまま政権を投げ出してしまいました。**

## 55年体制後初の政権交代、細川内閣の誕生

1993年（平成5年）7月18日
第40回衆議院議員総選挙

↓

選挙前の党分裂の影響で、
自民党は単独過半数には達しなかった。

↓

日本新党代表の細川護熙を首相に、
非自民・非共産8党会派による連立政権を樹立。

↓

55年体制以降、初めての政権交代に

**1993（平成5）年8月9日、細川護熙連立内閣が発足。**
首相官邸中庭での記念撮影を行ったあと、シャンパングラスを手に乾杯する細川首相と閣僚たち。これまでの内閣とは異なるスタイルでのお披露目になった。
写真：Haruyoshi Yamaguchi/アフロ

# 19 ≫ 46年ぶりに社会党の党首が総理大臣に

平成6（1994）年6月〜

細川首相の突然の辞任で、小沢一郎は頭を抱えます。次の首相をどうするか。連立与党は羽田孜を次の首相に指名しました。ところが、その途中に内輪もめが勃発します。何かを決めようとしてもいつも社会党が反対をしていたので「もう、社会党抜きでやろう」と、新生党、日本新党、民社党などが社会党を除いて「改新」という院内会派を結成したのです。これに対し「社会党をのけ者にするのか！」と激怒した**社会党が連立政権を離脱します。新党さきがけも離脱しました。**

**これに目を付けたのが自民党です。**自民党は野党に転落した途端、霞《かすみ》が関《せき》の官僚たちも「先生」と言ってやって来ないし、有権者からの陳情を聞いても実現できない。「やはり与党でなければ駄目なのだ」ということを思い知ります。

55年体制では敵対していたのに、**政権を取り戻すため、社会党にラブコール。**「社会党の委員長を首相にするから連立を組もう」と持ちかけたのです。自民党と社会党の〝接着剤〟として新党さきがけも加わり、「自社さ政権」が誕生します。社会党の村山富市《むらやまとみいち》が首相になりました。国民はビックリ仰天です。

## 村山内閣の大きな実績「村山談話」

**村山談話**

1995(平成7)年8月15日
「戦後50周年の終戦記念日にあたって」と題された談話。
当時の村山富市首相が発表。

⬇

**日本が第2次世界大戦中に、近隣のアジア諸国で侵略や植民地支配を行ったことを認め、公式に謝罪したもの。日本の公式見解としてその後の内閣に引き継がれているもの。**

社会党出身の首相ならではの談話発表で、近隣のアジア諸国との関係が改善の方向へ進んだが……。
写真:AP/アフロ

# 20 ≫ 欧州ではEUが誕生

平成5(1993)年11月

世界は、東西冷戦の終結によって大きく変わっていきました。イラクの独裁者フセインは、冷戦終結をチャンスと見て、隣の金持ちの国クウェートに侵攻しましたが、アメリカをはじめとする多国籍軍の攻撃を受けて、地上戦開始後わずか100時間でイラク軍はクウェートから撤退。**圧倒的軍事力を持つアメリカの〝独り勝ち時代〟の幕開け**でした。

ヨーロッパでは、**1993年にマーストリヒト条約により欧州連合(EU)が誕生**します。でも昨今の動きなどを見ていると、EUは加盟国を増やしすぎたのかもしれません。

EUの前身は1952年、フランス、西ドイツ、イタリア、ベルギー、オランダ、ルクセンブルクの6カ国がつくった「欧州石炭鉄鋼共同体(ECSC)」です。ヨーロッパは2度の大戦で甚大な被害を受け、国土が荒廃しました。もう**二度と戦争をしない仕組みをつくろう**と、まずは石炭や鉄鋼を共同で管理する仕組みをつくりました。その後、徐々に仲間を増やしながら、関税を撤廃したり、統一通貨を導入したり、参加国の国境は自由に通行できるようにしたり(シェンゲン協定)していったのです。

よく勘違いしがちですが、EUに加盟していても、統一通貨のユーロを使っていない国もあるし、同じくＥＵに加盟していても、お互いの国をパスポートなしで自由に行き来できるシェンゲン協定には加盟していない国もあります。その辺は、それぞれの国の思惑があるのです。

現在、ＥＵに加盟している国は28カ国にまで達していますが、共通通貨「ユーロ」を使っている国は19カ国。シェンゲン協定に加盟している国は26カ国です。

ちなみにＥＵからの離脱を選択したイギリスは、ＥＵに加盟した後もユーロを使わずにポンドを使い続けましたし、ヨーロッパ国家間の移動を出入国審査なしでできるシェンゲン協定にも参加せず、ＥＵと一定の距離を保ってきました。

もともとイギリスはＥＵの前身であるヨーロッパ共同体（ＥＣ）に入るのも遅かったのです。理由はイギリスが入りたくなかったからではありません。フランスのシャルル・ド・ゴール大統領がイギリスを嫌って加盟に反対したのです。

ド・ゴール大統領はイギリスの背後にアメリカの影を見て、アメリカの影響力が強まることを恐れ拒否したともいわれます。イギリスがＥＣに加盟できたのは、ド・ゴール大統領が亡くなったあとになります。

## EUへの歩み

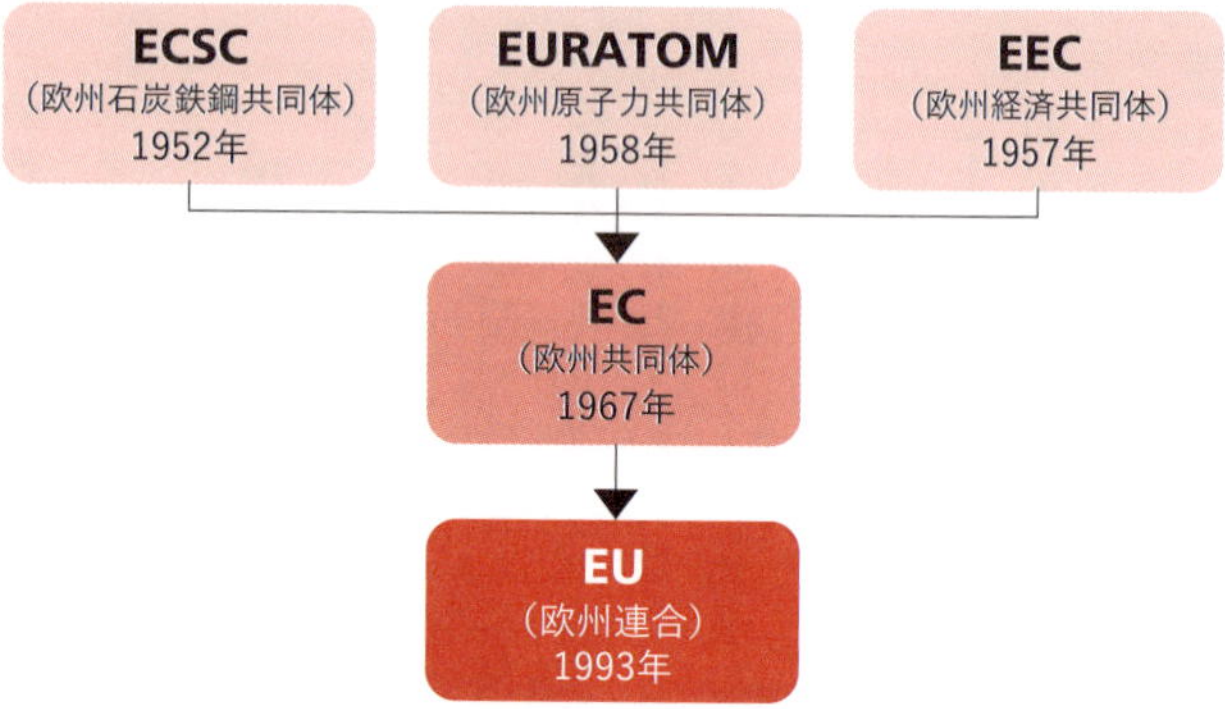

※2018年、イギリスはEU離脱の手続きを進めているが……。

# 21 ≫ 日本は「テロ先進国」!?

平成6（1994）年6月

**「松本《まつもと》サリン事件」**のことを全く知らないという人も増えました。1994年6月、長野県松本市でオウム真理教によりサリンが撒《ま》かれ、死者8人を出した事件です。

オウムとは何か。**オウム真理教とは、麻原彰晃《あさはらしょうこう》（本名・松本智津夫《まつもとちづお》）が開いた新興宗教集団**です。ヨガ道場に始まり、1989年に宗教法人の認証を受けていました。

当時、オウム真理教は熊本県の阿蘇《あそ》山麓《さんろく》や山梨県の上九一色《かみくいしき》村など、全国各地に道場を展開していました。長野県の松本市に施設をつくろうとしたところ「こんな不気味な連中が来たら困る。道場をつくるな」と住民訴訟が起きたのです。民事訴訟になれば、どうやらオウム真理教が負けそうだということで、麻原は教団信者に指示を出しました。

教団信者は、麻原の命令に従い、松本地方裁判所の裁判官官舎の風上からサリンを撒きました。ところが裁判官官舎まで届かず、手前のアパートで窓を開けていた信州大学の大学生や会社員など、8人が死亡したのです。

当時、「サリンは素人でもつくれる」という誤った認識が広まり、第一通報者の河野《こうの》義《よし》行《ゆき》さんが犯人ではないかと疑われました。殺人容疑で捜査令状をとって家宅捜査に入ると、家に農薬があった。農薬の調合ミスでサリンができたのではないか、と疑われたのです。

でも、サリンはそんなに簡単につくれるものではありません。とてつもないプラントが必要です。当時、警察にはサリンについて知識を持った人がいなかったのですね。犯人と疑われた河野さんは、自らもサリンの被害に遭っただけでなく、奥さんをサリンによって失いました。

ちなみに、麻原彰晃＝松本智津夫の命令で起こった事件だから「松本サリン事件」だと勘違いしている人もいますが、違います。長野県松本市のほうの松本です。

この事件は、**世界で最初の一般市民に向けた化学兵器による無差別テロ**でした。

サリンは第2次世界大戦中、ナチス・ドイツが開発したとされていますが、その毒性は青酸カリの10～20倍といいます。

日本はテロがなくて平和だね……と言っている人もいますが、とんでもない。

近年、欧州やアメリカで、人ごみにトラックで突っ込んで人を轢き殺すというトラックテロが多発しています。この手法が知られるようになったのは、２００８年6月、**秋葉原**（あきはばら）の「**秋葉原通り魔事件**」です。「こんなテロのやり方があるのか」とテロリストに知らしめてしまったかもしれません。

飛行機をハイジャックする方法を世界に知らしめたのは、日本の赤軍派が日航機を乗っ

94

## 世界を震撼させた地下鉄サリン事件

松本サリン事件に続き、1995（平成7年）3月20日に起こったのが、地下鉄サリン事件。東京中心部を走行する地下鉄の車内にサリンがまかれた。合計13人が死亡、6000人以上が重軽症を負った。

写真:AP/アフロ

### 日本人が起こした主なテロ事件

1970年…よど号ハイジャック事件（飛行機乗っ取り）
1972年…テルアビブ空港乱射事件（自爆テロ）
1974年…三菱重工爆破事件（爆弾テロ）
2008年…秋葉原通り魔事件（車両による無差別テロ）

取り、機長に北朝鮮行きを要求した「**よど号ハイジャック事件**」（1970年3月）です。自爆テロのような、自分を犠牲にして大きな被害を与える手法としては、イスラエルのテルアビブ国際空港で無差別銃撃を行った日本赤軍の「**テルアビブ空港乱射事件**」（1972年5月）もあります。

時限爆弾を使ったテロもあります。東京のビジネス街、丸の内の昼下がり、三菱重工業本社前で起きた、「**三菱重工爆破事件**」（1974年8月）です。死者8人、重軽傷者380人を出した白昼の無差別テロ。時限爆弾をしかけて人を殺したのです。三菱重工業は日本の防衛産業の中核ですから、反戦を訴える過激派に狙われたのですね。

どこの国の話？　と思うかもしれませんが、どれも日本のこと。実は日本は、「テロ先進国」なのです。

# 22 ≫ オウム真理教による2度目のテロ事件

平成7（1995）年3月

**オウム真理教による2度目のテロ事件**が、今度は東京で起こります。それが「**地下鉄サリン事件**」（1995年3月20日）です。ちょうど出勤時間を狙って丸ノ内《まるのうち》線、日比谷《ひびや》線、千代田《ちよだ》線の地下鉄車内でサリンが撒かれました。吸引した被害者は次々と倒れ、乗客・駅員ら13人が死亡。約6000人が被害に遭いました。

警視庁は、目を付けていたオウム真理教の教団施設を強制捜査し、山梨県上九一色村の教団施設「サティアン」から、サリン製造を裏付ける物質を検出。麻原彰晃を逮捕しました。無差別テロを行う動機はなんだったのか。

オウム真理教の麻原は1990年、「真理党」を結成して衆議院議員選挙に出馬しています。出家させるときに財産を寄付させるので、資金はあったのです。そのお金をつぎ込んで麻原自身を含めた教団幹部25人が立候補しました。お面をかぶったり、ダンスパフォーマンスをしたりするのですが、全員が落選。

もう**世の中を変えるには武力革命しかない**。「これからは武力でいくぞ」というわけです。麻原は、政教一致の国を本気でつくろうとしていたと思われます。

## オウム真理教の教祖・麻原彰晃を逮捕

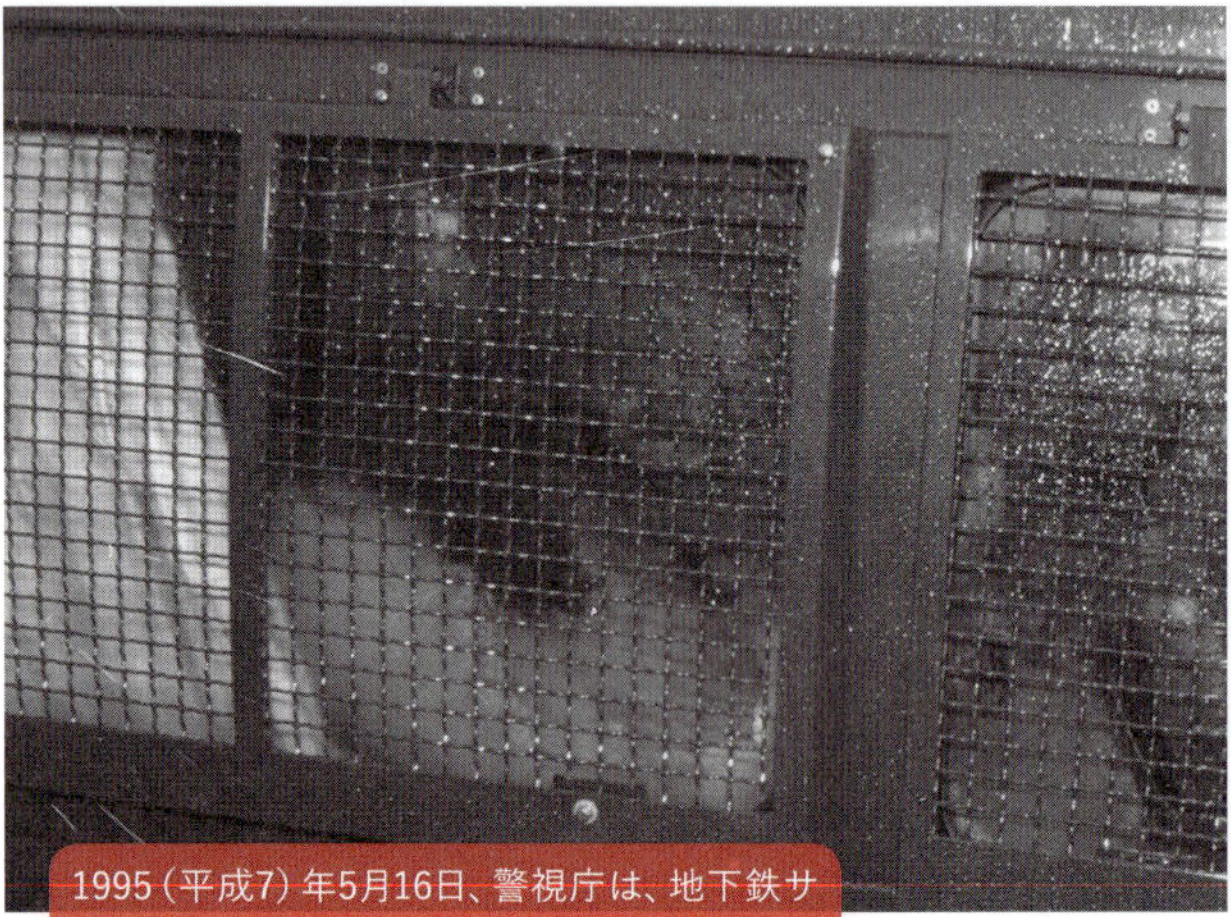

写真：読売新聞/アフロ

1995（平成7）年5月16日、警視庁は、地下鉄サリン事件における殺人および、殺人未遂でオウム真理教の麻原彰晃（本名＝松本智津夫）容疑者を逮捕。写真は、逮捕され、護送車の中で蓮華座を組む麻原容疑者。山梨県上九一色村にあるオウム真理教の施設から連行された。

**オウム真理教が起こした主な事件**

1989年11月 …坂本堤弁護士一家殺害事件
1994年6月 …松本サリン事件
1995年3月 …地下鉄サリン事件

# 23 ≫ 阪神・淡路大震災の悲劇

平成7（1995）年1月

1995年は、1月17日に阪神・淡路《あわじ》大震災、3月にはオウム真理教による地下鉄サリン事件がありました。**終戦から50年のこの年、大惨事が相次いだ**のですね。

**当時の首相は社会党の村山富市**でした。この時代は政治の混乱期で、自民党が分裂し、新党ブームで細川内閣が発足。その細川護熙が「東京佐川急便1億円借り入れ事件」で辞任すると、羽田内閣が発足しますが、今度は連立を組んでいた社会党と新党さきがけが離脱し、羽田内閣はわずか2カ月で退陣してしまいます。

自民党が政権を奪取しようと社会党に声をかけ、誕生したのが「自民、社会、さきがけ」による**「自社さ」3党連立政権**でした。

阪神・淡路大震災が発生したのは1月17日、午前5時46分と早朝だったので、自宅で睡眠中の人が多く、激しい揺れにより多くの家屋が倒壊しました。

震災後、取材に行きましたが、高速道路が倒れている光景は衝撃的でした。

村山首相は、首相公邸でテレビニュースを見て震災を知ったそうです。首相の秘書官は何人もいるのですが、危機管理担当で警察庁出身の金重凱之《かねしげよしゆき》が、たまたま法事で里帰りをしていたためいなかった。彼がいなかったために対応が遅れたと指摘されています。

自民党の河野洋平《こうのようへい》副総理（当時）も同様で「やあ、大変だな〜」とテレビを見ていたというのです。一方、気象庁は地震発生を知らせるファクシミリを国土庁（現在の国土交通省）に送るのですが、当時、国土庁には当直がいなかったため、朝、役人たちが出てきたときにはファクシミリの紙が山のようにたまっていたそうです。

**政府の危機管理体制の杜撰《ずさん》さが露呈された出来事でした。**

阪神・淡路大震災での死者は6434名ですが、政府が震災にもっと早い時点で対応ができていたら、救える命があったかもしれません。村山首相は全体の態勢が遅れた理由について、「なにぶん初めてのことでございますし、早朝のことでございますから」と弁明し、国民の反発を受けて内閣支持率は急落しました。

**いま振り返ると日本の危機管理体制はお粗末だった**といわざるをえません。

当直がいないのは、国土庁だけではありませんでした。2000年4月に小渕恵三首相が早い処置が必要な脳梗塞《のうこうそく》で倒れたとき、首相官邸には常勤医がおらず、緊急医療が施せませんでした。こちらも見直さなければと、新しくできた首相官邸には、医務室が設けられ常勤医が24時間体制で詰めることになりました。

全国の耐震基準が見直されたのも、この年の震災がきっかけです。

## 阪神・淡路大震災が防災・減災の原点となった

1995（平成7）年1月17日午前5時46分、M7.3の直下型巨大地震が阪神・淡路地域を襲った。耐震補強や、救助、災害ボランティアなど、この地震から得た教訓はいまも生きている。

高速道路が倒れるほどの巨大な地震であった。　写真：AP/アフロ

木造家屋の倒壊や、火災による被害も多く見られたのが特徴だ。

# 24 ≫ 住専問題って何だったの？



バブルがはじけてしばらく経った**1995年、マスコミは「住専問題」を大々的に報じました。**女性週刊誌までもが「住専特集」を組んだほどです。

「住専」とは、**住宅ローン専門会社**のことです。

住宅を買うとき、たいてい住宅ローンを組みますね。でも高度成長時代、大手銀行は個人なんて相手にしてくれませんでした。1つひとつの貸出金額が小さく、手間ばかりかかると敬遠したのです。

しかし個人の生活も豊かになり始めた1970年代になると、住宅ローンの需要が増えたため、子会社として個人向けの住宅ローンを販売する専門の会社をつくりました。住専は、母体行からお金を借り、数％の利子を上乗せして貸し出すのです。

住専は、バブル経済に乗って急成長。住専が儲《もう》かるのを見て、各銀行がそれまで見向きもしなかった住宅ローンの取り扱いを始めます。銀行が住専の仕事を取ってしまうのです。

顧客を奪われた住専は、新たな貸出先を求め「バブル紳士」たちにお金を貸すようになります。本来の業務だった個人住宅融資から逸脱して、事業用融資を拡大させていったのです。

ところがバブル経済の終末期、1990年に当時の大蔵省は、銀行に対して不動産向けの融資を制限する通達を出しました。「総量規制」です。

しかし、なぜか**住専はその対象外**とされました。**銀行や農協系の金融機関は、住専を通して不動産への融資を続けました。**

まもなくバブルが崩壊。住専は大量の不良債権を抱えて潰れそうになります。結局、それぞれの母体行が責任を負えということになり、政府は農協系の住専に6850億円(国民1人あたり5500円)もの公的資金を注入することを決定します。「それ以外の銀行にも、ここで一気に公的資金を注入しないと大変なことになる」と主張したのは首相と大蔵大臣を務めた宮沢喜一《みやざわきいち》。でも国民は「なんでわれわれの税金で住専だけ助けるんだ!」と猛反発しました。

住専の破綻《はたん》問題は、銀行が自らの利益のために住専を使って不動産投機に走り、莫大《ばくだい》な利益をあげた後でバブルが崩壊。そのツケが回ってきたというものです。ちなみに住専各社の社長には、銀行OBや大蔵省出身者が名前を並べていました。

# 25 ≫ 失われた10年の始まり

平成9(1997)年11月

振り返ると、貿易赤字に悩むアメリカの都合で円を引き上げることに協力した（プラザ合意）結果、日本は円高不況になり、それに対処するために日銀はどんどん金利を引き下げました。**企業は低い金利でお金を借りられるようになり、土地や株に投資してバブルが発生しました。**

風船のように膨らんだバブルは、徐々に空気を抜いていけばよかったものを、バブルつぶしが強烈すぎて一気に破裂。高値で株や土地を買っていた企業や個人は、多額の含み損（買った額と現在の価額の差）を抱えることになりました。**借りたお金を返せず、お金を貸していた銀行はお金が回収できません。これが「不良債権」**です。

１９９６年に始まった金融ビッグバンは、さらに金融機関を追い込んでいきました。「なんでアメリカの生命保険会社が日本に進出できないんだ！」といった海外の圧力により、日本の金融市場を公正かつ自由で国際的なものにしようと、金融制度の大規模な改革が行われることになったのです。

**戦後の日本の銀行は「護送船団方式」**といって、全体が速度を合わせて少しずつ進む方式がとられていました。「銀行は1行たりとも潰さない」というのが、大蔵省の方針だったのです。貸出金利も振込手数料もすべてが横並び。これによって日本の金融システムは安定していました。

しかし、グローバル化が進む中、国際競争力をつけるためには日本国内だけで通用するルールをいつまでも守っているわけにいきません。**不良債権処理に追われる一方で、体力のない金融機関は次々と破綻**していきました。

1997年11月、まず都市銀行として初めて北海道拓殖銀行が資金繰りに困って破綻。その1週間後には、100年の歴史を持つ名門証券会社の山一證券が、不良債権の〝飛ばし〟発覚で自主廃業に追い込まれました。

危機感を持った金融機関は、「合併して大きく強くなろう」と、経営を統合。メガバンクが生まれるきっかけになりました。

かつて都市銀行は13行ありました。しかし、いま都市銀行は3つのメガバンクグループに集約されています。

## 金融機関の破綻が相次いだ90年代後半

### 主な金融機関の破綻

| | |
|---|---|
| 1997年11月 | ●三洋証券 ●北海道拓殖銀行 ●山一證券 |
| 1998年10月 | ●日本長期信用銀行 |
| 1998年12月 | ●日本債券信用銀行 |

1997（平成9）年11月、4大証券の一角であった山一證券が自主廃業に追い込まれた。野澤正平社長が記者会見を行い、「社員は悪くありませんから」と号泣するシーンが全世界に報道された。

写真：HOSAKA NAOTO/GAMMA/アフロ

### かつては13行あった都市銀行の変遷

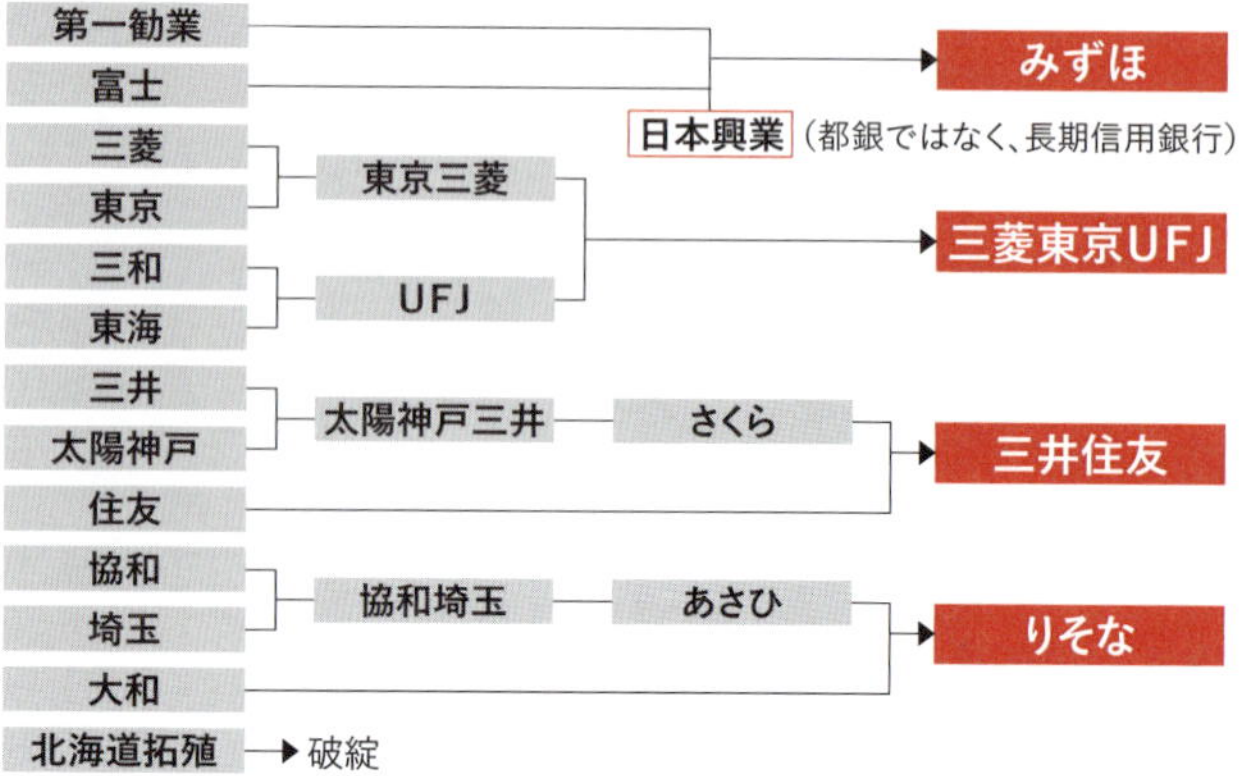

# 26 ≫ 香港が中国に返還される

平成9（1997）年7月

香港《ホンコン》は、中国の南部にある小さな半島と島からなります。ここはアヘン戦争（1840〜1842年）で清《しん》王朝（いまの中国）がイギリスに負けて以来、長い間イギリスが統治していました。

かつて、清王朝は「眠れる獅子《しし》」と呼ばれ、世界から恐れられていましたが、イギリスはその清に戦争を仕掛けたわけです。

理由は紅茶です。イギリス人の紅茶好きは有名ですね。イギリスは清から茶を大量に輸入していました。イギリスの貿易赤字が膨らんでいくわけです。困窮したイギリスが思いついたのが「三角貿易」です。インドはイギリスの植民地でしたから、インドにアヘンをつくらせて清へ密輸する。アヘンを売って貿易赤字を減らそうと企《たくら》んだのです。

清でアヘンが大ブームになり、国が乱れてしまいます。このままでは大変なことになると、時の大臣・林則徐《りんそくじょ》が、アヘンの取り締まりを強化。イギリス商人からアヘンを没収し、破棄してしまいます。

これにイギリスは激怒し、清に戦争を仕掛けるわけです。清は敗北し、**1842年、屈**

## イギリスが中国に香港を「返還」、中国にすれば「回収」

1997（平成9）年7月1日、香港は中国に返還された。
返還式典では、中国とイギリスの国旗がかかげられた。
写真：ロイター/アフロ

**一国二制度とは？**

中国という一つの国の中に

「社会主義体制」

「資本主義体制」
香港だけは
特別に認める

の二つの制度があるということ。

**辱的な南京《ナンキン》条約を締結させられ、香港をイギリスが統治するようになります。**

香港を奪われた清は、第2次世界大戦後「中華人民共和国」となっても、香港についてはそのままイギリスの統治を認めました。**イギリスは資本主義の国ですが、中国は社会主義の国。**言論の自由も認められていません。**香港は中国大陸にありながら、資本主義チームの仲間入りをしたためにそこだけが大発展し、世界有数の都市に**なるのです。

それを見ていた中国は、自分たちも香港のように豊かになりたいと考えます。やがて鄧《とう》小平《しょうへい》という政治家が、「改革開放」を掲げ、「先に豊かになれる者から豊かになれ」と方針を大転換。「香港を返せ」とイギリスに対して交渉を始めるのです。

1984年、イギリスは香港を返還することに合意します。それを決定づけたのは、中国が打ち出した「**一国二制度**」でした。香港が社会主義の中国に返還されても、50年間はそれまでの体制を維持することを中国が約束したのです。

こうして1997年7月1日、香港は中国に返還されました。ただ、一般的にはイギリスが香港を「返還した」という言い方をしますが、中国にしてみれば、アヘン戦争で奪われた土地を「回収」したに過ぎないのです。

香港はいま、中国の「特別行政区」という位置づけですが、中国からの「独立」を望む人が増えています。

# 27 国旗国歌法

平成11（1999）年8月

日本の国旗は「日の丸」で、国歌は「君が代」ですね。ところが、意外と知られていないのですが、**正式に決まったのは平成になってから**です。

それまでは、たとえばオリンピックなどではアナウンサーが「日の丸があがっています」「君が代が流れています」という言い方をしていました。

1999年8月、わざわざ「国旗国歌法」をつくって日の丸を国旗に、君が代を国歌と規定したのです。では、なぜ法律をつくったのか？

それは、当時の文部省が「入学式や卒業式では、国旗を掲揚し、国歌を斉唱するよう指導しなさい」と学習指導要領に書いたことがきっかけです。

当時、「別に法律で国歌も国旗も決まっているわけではない」などという反対運動が起きたことで「日本の国旗は？　日本の国歌は？」ということが議論となったのです。

政府としては、法律で定めれば異論がなくなるだろうと考え、国旗国歌法をつくったというわけです。

Column

# 日教組と文部省は何で対立していたのだろうか?

日教組とは、全国の教員・学校職員による労働組合の連合体です。

1947（昭和22）年6月、公立の小中学校の先生を中心に、高校、大学の教職員も参加して、日本教職員組合（日教組）が結成されました。

なぜ日教組は、文部省との間で長く対立してきたのか。

日教組はもともと、日中戦争から太平洋戦争にかけて、大勢の教え子たちを戦場に送り出した自らの責任を反省するところから運動をスタートさせました。

1951（昭和26）年の大会で「教え子を再び戦場に送るな」をスローガンとして掲げ、これが、その後の日教組の基本路線となります。平和運動を推進することになり、安保反対運動やアメリカ軍基地反対運動などにつながっていきます。

それは、保守勢力から見れば「反米路線」と映り、東西冷戦の中で、ソ連や中国の味方をしているように受け止められることになったのです。

1952（昭和27）年、日教組は自らの主張を政治の場で実現するため、独自の政治団体を結成。日教組の方針や行動が大きなニュースになり、日教組の大会が開かれる都市には、全国から右翼団体が押しかけることが恒例となっていきました。

こうして日教組と文部省はことごとく対立します。「ゆとり教育」や「日の丸・君が代」をめぐる争いもありました。

しかし、こんな闘争の歴史も今は昔。日教組の組織率は年々下がっていくことになります。1958（昭和33）年には86・3%と、教職員の9割近くが参加していましたが、2016（平成28）年には過去最低の23・6%となりました。

# 28 ≫ 東海村ＪＣＯ臨界事故



日本は資源の乏しい国です。だから「石油に頼らない」を目標に、原子力発電を推進してきました。「絶対安全」と宣伝し、安全神話を掲げてきたのです。ところが、**1999年9月、東海村《とうかいむら》でＪＣＯ臨界事故が発生。安全神話が崩壊しました。**日本国内では戦争など以外で初めての被曝者《ひばくしゃ》を出した事故でした。

東海村は、茨城県北部にあります。日本で初めて商業用の原子力発電所を稼働させた村です。ＪＣＯは住友金属鉱山の子会社で、原子炉を動かす核燃料の加工を請け負っていました。

1999年9月30日、作業員が核燃料の原料であるウラン化合物を溶解する作業をしていたところ、ウラン溶液が予定外の臨界状態に達して核分裂連鎖反応が発生。放射線が大量に放たれ、至近距離でこれを浴びた2人が死亡、1人が重傷を負いました。救助隊員や住民など667人の被曝者を出してしまったのです。

では、なぜあってはならない事故が起きたのか。

ウランはある一定量が1カ所に集まると、次々に核分裂が起きて臨界状態になってしまいます。そこで、手間暇かけて、ウランが一度に一定量集まらないような作業手順となっているのです。

もちろん最初は正規のマニュアルに沿って作業をしていたのですが、「なぜそうするのか」をきちんと教えられていなかった作業員が、「なんでこんなに効率の悪いやり方をするのだろう。さっさと1カ所に集めてしまえばいいではないか」と、ステンレス製のバケツで一気に作業を進めてしまったので、臨界が起きてしまったのです。

日本人風に創意工夫し、〝カイゼン〟したつもりが、大変な事故につながってしまったのですね。

では、どうやって臨界を止めたのか。

作業員が病院へ運ばれた後、なおも臨界状態は続いています。これをおさめるためには、沈殿槽の周りの冷却水を取り除く必要がありました。そこで、JCOは「決死隊」をつくります。作業員たちが2人1組で2〜3分の作業を繰り返しながら、約18時間かかってようやく臨界を止めたのです。

この事故では刑事責任が問われることになり、JCOとその関係者に有罪判決が下りました。

# 29 ≫ 中央省庁再編

平成13（2001）年1月

日本が「政治とカネ」の問題に明け暮れていた**2001年、大規模な中央省庁の再編が行われます。**

日本はいま、国の政策を実現するために、**内閣府と12の省庁「1府12省庁」で国の仕事を分担**しています。これをまとめて**中央省庁**といいます。

「1府」とは「内閣府」のこと。内閣府の責任者は内閣総理大臣（首相）で、各省庁の責任者は首相が任命する国務大臣です。その下に副大臣、政務官がいます。

現在は1府12省庁ですが、かつては「1府22省庁」ありました。当時の首相・橋本龍太郎《はしもとりゅうたろう》は、「大臣が多すぎる」「大蔵省の権限が強すぎる」「縦割り行政の排除」という理由で、省庁を「大括《おおくく》りし、その数を半減する」という政治的公約をします。

いわゆる**「行政改革」**です。このとき、特殊法人改革も同時にすすめられ、国立大学や国立博物館など、それまで**国が運営していた組織が次々「独立行政法人」に**なりました。

いま考えると、1府12省庁という数にこだわる必要はないように思いますが、当時は、「省庁が肥大化している」と批判されていましたから、時代のムードでしょうね。

## 再編前と後の中央省庁

| 再編後<br>1府12省庁 | 再編前<br>1府22省庁 |
| --- | --- |
| 内閣府 | 総理府<br>経済企画庁<br>沖縄開発庁<br>金融再生委員会 |
| 国家公安委員会(警察庁) | 国家公安委員会(警察庁) |
| 防衛庁(後に、防衛省) | 防衛庁 |
| 総務省 | 総務庁<br>郵政省<br>自治省 |
| 法務省 | 法務省 |
| 外務省 | 外務省 |
| 財務省 | 大蔵省 |
| 厚生労働省 | 厚生省<br>労働省 |
| 経済産業省 | 通商産業省 |
| 国土交通省 | 運輸省<br>建設省<br>国土庁<br>北海道開発庁 |
| 環境省 | 環境庁 |
| 農林水産省 | 農林水産省 |
| 文部科学省 | 文部省<br>科学技術庁 |

# 30 ≫ 凶悪テロの原点。アメリカ同時多発テロ事件

平成13（2001）年9月

**21世紀の始まりは、テロとの戦いの始まり**でした。**アメリカ同時多発テロ事件**は、いまもなくならない**凶悪なテロの原点**といえます。

2001年9月11日8時46分（現地時間・最初の飛行機が突っ込んだ時間）、テロリストたちが4機の旅客機を乗っ取り、そのうちの2機が世界貿易センターに突っ込みました。目的は自爆テロでした。イスラム過激派は「聖戦で死ぬと、天国へ行ける」と信じ、自爆テロを怖がりません。ワシントンD.C.の国防総省ビルに3機目が激突、4機目がペンシルベニア州ピッツバーグ郊外に墜落しました。このテロ事件による死者は約3000人にのぼり、日本人も24人が犠牲になりました。

**首謀者とされたオサマ・ビンラディン**には、アメリカに対する強烈な憎しみがあったのです。こんな事件がなぜ起きたのか。

1991年、湾岸戦争が勃発《ぼっぱつ》します。アメリカを中心とした多国籍軍がイラクを攻撃しました。その前の年、当時のイラクのサダム・フセイン大統領が石油を目当てに隣国・クウェートに攻め込みました。

このとき、隣国のサウジアラビアは、自国も攻撃されるかもしれないと考え、アメリカに助けを求めるのです。サウジアラビアにはイスラム教徒にとっての聖地「メッカ」と「メディナ」があります。ここに異教徒であるアメリカ軍がやってきたことに対して激怒した人物、それがビンラディンです。彼はもともと、サウジアラビアの裕福な建設会社の御曹司でした。

イスラム教国にキリスト教徒が入ってくるのは、いわば、**イスラム教徒の土地を異教徒に侵略されているようなもの。**

彼はアルカイダという組織を反米テロ組織に変え、テロリストたちを養成。そして10年後に、憎しみを爆発させたのです。4機の旅客機を乗っ取ったのは計19人。いずれもビンラディン率いる国際テロ組織「アルカイダ」のメンバーでした。

事件直後、アメリカのジョージ・W・ブッシュ大統領は「今回の事態は単なるテロではなく、戦争行為だ」と演説し、**「テロとの戦い」を宣言します。**

当時、アフガニスタンを実効支配していたイスラム原理主義勢力のタリバンが、ビンラディンとアルカイダをかくまっているとして、その引き渡しを求めました。

しかしタリバンは、これを拒否します。ブッシュ大統領は**「テロリストをかくまうものも同罪」**として、アフガニスタンへ攻め込み、タリバン打倒を決意するのです。

## イスラム過激派が起こした9.11テロ事件

2001(平成13)年9月11日、アメリカ・ニューヨーク、マンハッタンの世界貿易センターに、2機の航空機が突入テロを行った。

写真:The New York Times/アフロ

**9.11は4機によるテロ**

世界貿易センターに突っ込んだ2機以外に、あと2機がテロを実行。1機はワシントンの国防総省ビル、もう1機はピッツバーグ郊外に墜落。合計4機によるテロだった。

# 31 ≫ アフガニスタンという国

平成13(2001)年10月

9・11アメリカ同時多発テロから1カ月も経たない10月7日、**アメリカはイギリスとともに、アフガニスタンを攻撃しました。**

なぜ、アフガニスタンがビンラディンをかくまったのか。これを理解するには、アフガニスタンの歴史を振り返る必要があります。

アフガニスタンはおだやかなイスラム教徒の王国でした。ソ連にとって脅威となる国ではありませんでした。

しかし、クーデターが起こります。新たに権力を握ったのは、かつてアメリカ留学をしたこともある人物。ソ連は「アフガニスタンに親米政権ができるのでは」と不安になります。いっそ武力で、確実にソ連寄りの国にしてしまおうと考えました。

こうして**1979年、ソ連軍がアフガニスタンに侵攻**するのです。これを見ていた周辺のイスラム教徒の若者たちが「イスラム教徒を救え！」とアフガニスタンにやってきて、ソ連軍と戦いました。彼らは「**ムジャヒディン**（**イスラム聖戦士**）」と呼ばれます。

この戦いに、サウジアラビアから参加したのがビンラディンでした。彼は各地から集まってきた兵士たちの名簿をつくります。その組織が「アルカイダ」でした。アルカイダは英語で「Ｔｈｅｂａｓｅ」、日本語で「基地」という意味です。

**アメリカは、このムジャヒディンを支援しました。**ビンラディンを育てたのはアメリカとも言えるのです。東西冷戦時代、**アメリカはソ連と敵対する勢力を応援しました。**

ムジャヒディンの猛攻により、１９８９年、ソ連軍がアフガニスタンから撤退。その後、まもなくソ連が崩壊（１９９１年12月）します。**アフガニスタンへの侵攻が、ソ連崩壊を早めたといわれています。**

ムジャヒディンたちは、戦争が終わると各々、自分の国へと戻って行きました。これでアフガニスタンに平和が戻ったか、というとそんなことはありませんでした。

国内に残った軍閥たちの争いが始まり、新たな内戦に発展していきます。そこで政権を握ったのが「タリバン」です。タリバンとは学生の意味。彼らはソ連が侵攻してきたとき、パキスタンに逃げたアフガニスタン難民で、パキスタンで過激なイスラム原理主義の教育を受け、戻ってきていたのです。

先述したように東西冷戦後、暴走したフセインを抑えこむため１９９１年、湾岸戦争が勃発します。サウジアラビアは産油国で大変豊かな国です。クウェートのようにフセインに攻められることを恐れ、アメリカに「自分たちを守ってほしい」と助けを求めます。そこでアメリカ軍がサウジアラビアに駐留するのです。

これに猛反発したのが、アフガニスタンから帰って来ていたビンラディンでした。ビンラディンは国外追放となり、結局、かつて一緒に戦った仲間がいるところへ行こうとアフガニスタンへ向かうのです。

そこにはタリバン政権ができていました。タリバン政権はビンラディンを「客人」として受け入れます。

ちなみにタリバンのほとんどは、民族でいうとパシュトゥ語を話すパシュトゥン人です。パキスタンの西部からアフガニスタンの東部にかけて住んでいる民族で、国境など関係なく行き来しています。

パシュトゥン人は、**「客人は命を懸けても守れ」という掟《おきて》を持っています。**通りがかりの旅人が「お茶を一杯恵んでください」と来ても、客人として大事にもてなす。そういう伝統なのです。だから、ビンラディンをアメリカに引き渡さなかったのです。

## テロの時代へ――
## オサマ・ビンラディンはいかにして生まれたか？

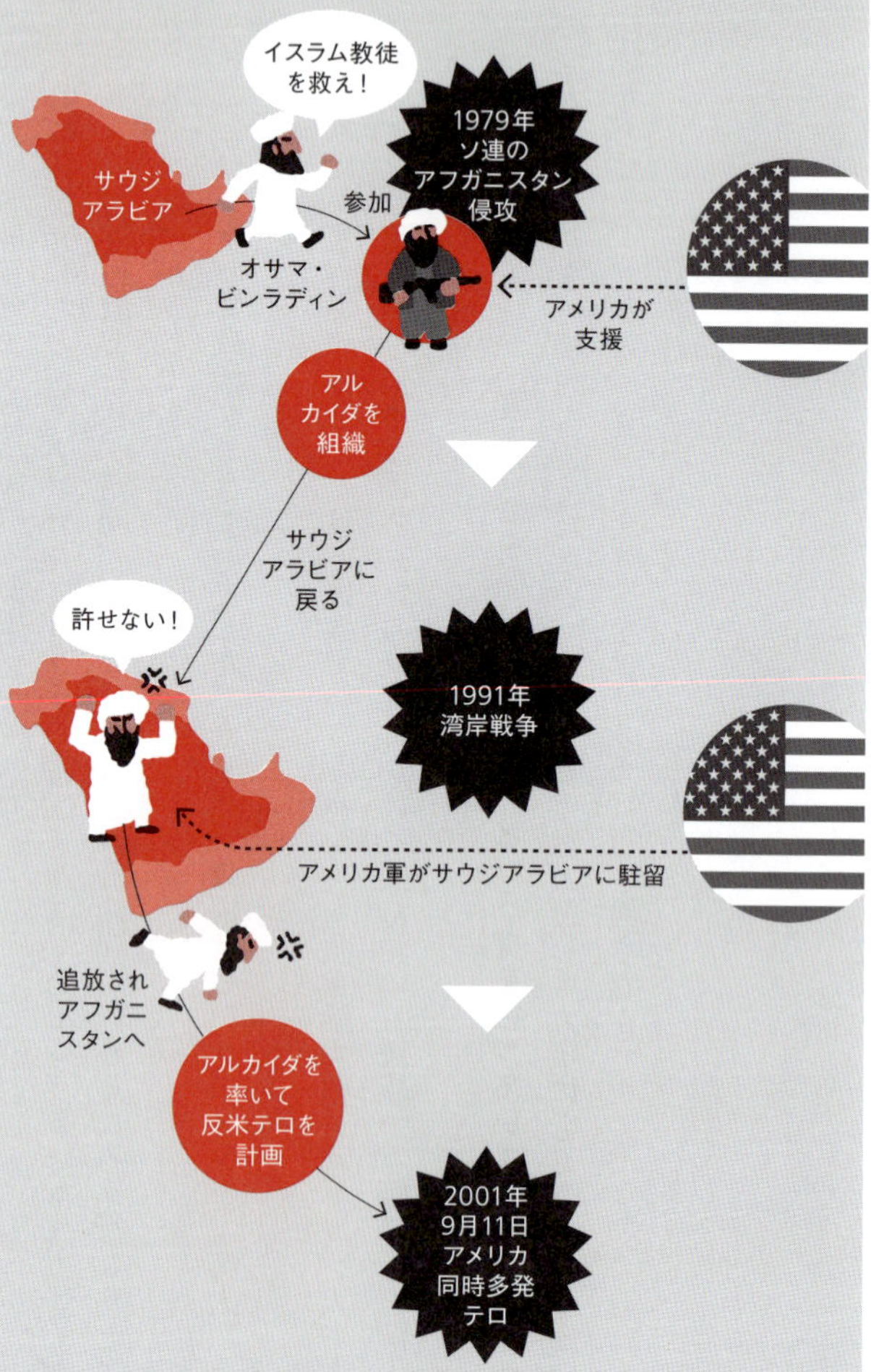

# 32 ≫ 拉致被害者帰国

平成14（2002）年9月

2002年9月17日、当時の**小泉純一郎《こいずみじゅんいちろう》首相が北朝鮮を電撃訪問**しました。日本の首相が北朝鮮（朝鮮民主主義人民共和国）に足を踏み入れたのは、これが初めてです。このとき、官房副長官として同行していたのが現在の安倍《あべ》晋三《しんぞう》首相です。

小泉首相は最高指導者の金正日《キムジョンイル》総書記と日朝首脳会談を行い、日朝平壌《ピョンヤン》宣言に調印。このとき、**金正日総書記が、日本人拉《ら》致《ち》を公式に認め、謝罪**したのです。

北朝鮮では、金日成《キムイルソン》→金正日→金正恩《キムジョンウン》と3代世襲が続いています。社会主義国では常識的にありえません。北朝鮮をつくったのはソ連ですが、ソ連ではレーニンやスターリンの息子が指導者になっていません。

北朝鮮はなぜ日本人を拉致したのか。

北朝鮮は第2次世界大戦後、ソ連によって建国されます。1950年、金日成は実力で朝鮮半島を統一したいという野望を抱き、韓国に攻め込みます。攻め込まれた韓国を、アメリカが支援、北朝鮮を中国が支援（当時のソ連も物資を支援）します。泥沼化の末、**1953年に休戦協定が成立します。つまり、朝鮮戦争はまだ終わっていません。**現在も、北朝鮮にとって、韓国は戦争中の敵国なのです。

金日成とその息子である金正日は、その後も韓国に対し数々のテロを仕掛けてきました。有名なのが青瓦台《チョンワデ》（韓国大統領官邸）襲撃未遂事件です。冷戦真っただ中の1968年、ソウル近郊で韓国軍の制服を着た兵士が、出くわした地元住民に「ソウルはどっちだ？」と聞きます。すぐ近くに明るいソウルのネオンサインがあるのに、怪しい。彼らは北朝鮮の特殊部隊で、韓国に侵入していました。兵士たちに与えられていた使命は当時の韓国大統領・朴正熙《パクチョンヒ》の暗殺でした。

不審に思った住民が警察に通報。31人の兵士のうち2人が逃げ、1人が生け捕りにされました（残りは射殺）。この生け捕りにされた1人が「大統領を暗殺するために来た」と証言したのです。

また、当時は韓国内に北朝鮮が築いたスパイ網が次々に摘発されました。なんとか韓国に疑われないように潜入するにはどうしたらいいのか。**日本人に化ければいい**というわけです。「**日本語、日本文化を教える教官にするための日本人を拉致して来い**」**という指令**が出て、日本へ来て日本人を拉致したのです。

小泉訪朝から約1カ月後、拉致被害者の5人が帰国しました。日本政府が正式に認定している拉致被害者は17人。**まだ拉致問題は解決していません。**

## 北朝鮮による拉致被害者が帰国

2002(平成14)年10月15日、北朝鮮拉致被害者が24年ぶりに日本に帰国。

写真:Fujifotos/アフロ

2002(平成14)年9月17日
小泉純一郎首相が日本の首相として初めて北朝鮮を訪問。

↓

北朝鮮の金正日総書記と会談。
金正日総書記が日本人拉致を公式に認め、謝罪した。

↓

10月15日、拉致被害者の
地村保志・富貴恵さん夫妻、蓮池薫・祐木子さん夫妻、
曽我ひとみさんの計5人が帰国。

# 33 ≫ アフガニスタンの次はイラク戦争

アメリカがアフガニスタンを攻撃し、タリバン政権は崩壊しました。次にブッシュ大統領は、**2003年3月、イラク戦争に踏み切りました。** 矛先をイラクに向けるのです。「**イラクのフセインが大量破壊兵器を持っている。** これがテロリストに渡ったら大変だ」という理由です。大量破壊兵器とは、核兵器のほか、生物兵器、化学兵器を指します。

これに伴い、アフガニスタンにいたアメリカ軍の主力部隊がイラクに移動します。アフガニスタンの国内は不安定化していくことになります。イラク戦争は、わずか3週間あまりでアメリカ側が勝利。フセイン政権は崩壊しました。

「大量破壊兵器を持っているから」というのが攻撃理由だったのですが、大量破壊兵器は発見されませんでした。するとアメリカのブッシュ大統領は、イラクを攻撃した理由を「フセインの圧政からイラク国民を解放するためだった」と言い出すのです。

# 34 ≫ ブッシュの大罪

平成15（2003）年3月

**イラク戦争は、果たしてアメリカが起こした正義のための戦争だったのか？**

そうではありません。「イラクでの石油採掘権などの利権が欲しかったから」というのが本音のようです。

ブッシュ大統領はフセイン政権を倒した後、**決定的な大失敗を犯します。**それが「**バース党員の公職追放**」です。フセイン政権はバース党（アラブ社会主義復興党）の一党独裁で、バース党員でないと公職につけませんでした。そういう国だったのです。

役所の職員も学校の先生も、医者も看護師も軍隊の幹部も警察官も、みんなバース党員でした。公職追放の命令を出された結果、誰一人、職場に出てこなくなりました。一夜にしてイラクの統治機構が崩壊してしまったのです。

ブッシュはフセインを倒した後、どのような統治機構にするのか、何の青写真もないまま攻撃を始めたのですね。混乱するイラクの中でイスラム過激派が勢力を伸ばし、**これが自称「イスラム国」（IS）に発展していくのです。**

## スンニ派のフセインが統治したイラク

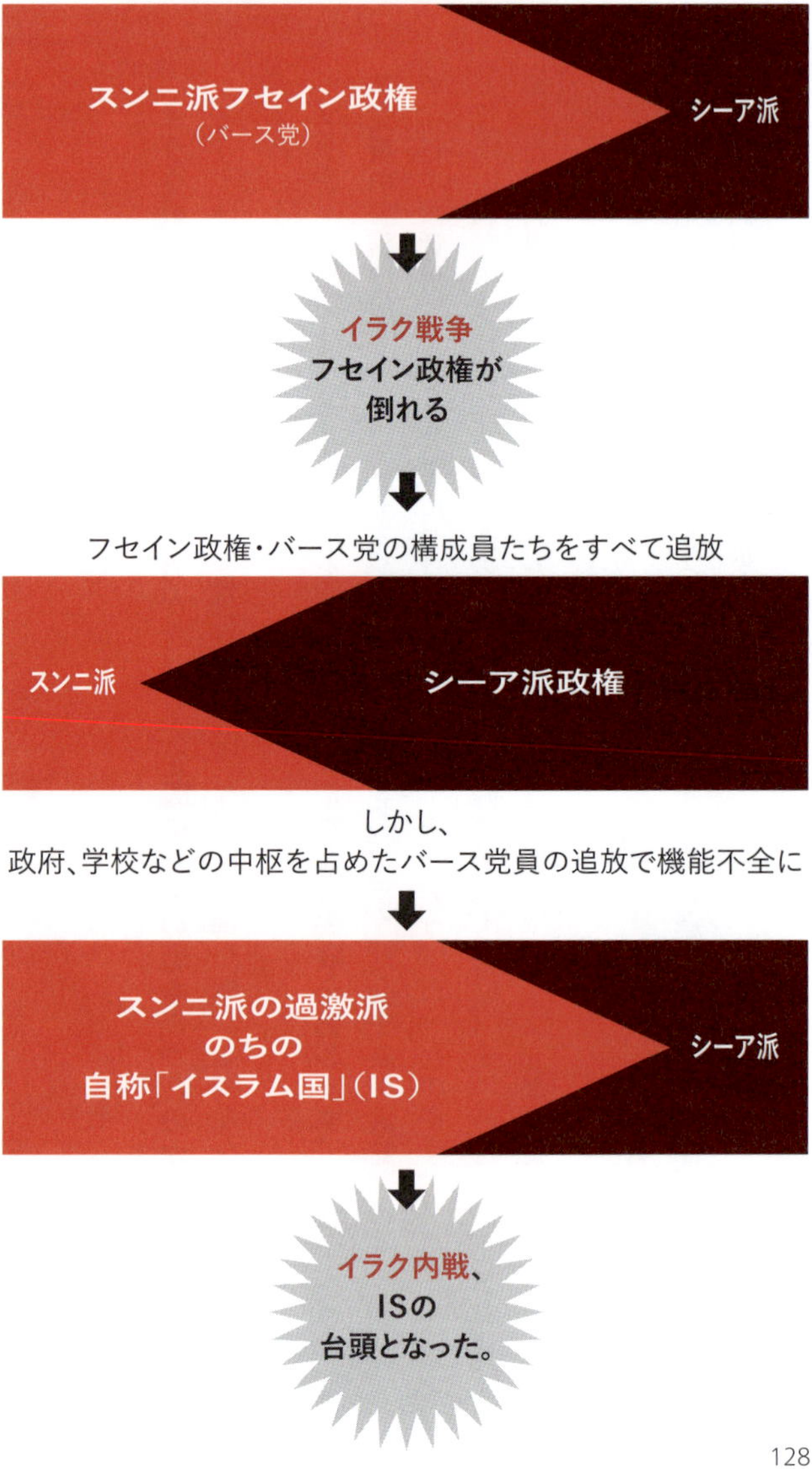

Column

# イラク戦争などの有事に対応する法律を整えていった

1990（平成2）年8月、イラクは突如として隣国クウェートへの侵攻を開始しました。

それをやめさせるため、国連は安保理決議を出してイラクに即時撤退を求めました。さらに、期限までに撤退しなければ武力行使を行うという安保理決議も採択。しかし、イラクは言うことを聞きませんでした。そこで、アメリカを中心とした多国籍軍が軍事行動を起こし、湾岸戦争が始まったのです。

このときアメリカは「日本も自衛隊を出せ」と迫りました。

結局、日本はお金だけを出しました。日本は汗を（血を）流さずにお金だけ出したという批判などもあり、これが政府にとってのトラウマとなります。

以降、日本はアメリカなどの求めに応じる形で1992（平成4）年の「PKO協力法」を皮切りに、自衛隊の海外派遣を徐々に拡大していったのです。

2001（平成13）年には、アメリカで同時多発テロが起こり、アフガニスタンを攻撃しているアメリカ軍などを後方から支援するための「テロ対策特別措置法」が成立。海上自衛隊が、インド洋で給油活動を行いました。

2003（平成15）年には、イラク特措法が成立。日本は非戦闘地域での復興支援のため、自衛隊をイラクに派遣しました。このとき、「非戦闘地域とはどこか」が争点となりましたが、具体的には示されませんでした。

こうして、日本は国際情勢の変化に合わせ1つひとつ法律をつくってやってきましたが、第3次安倍政権は2015（平成27）年、安保関連法を成立させました。

# 35 ≫ メリットはあった？ 郵政民営化

平成19（2007）年10月

2007年10月1日、国が運営していた郵便局の事業が民営化されることになりました。それまで郵便局が行っていた**「郵便物の配達」「郵便貯金」「簡易保険」の3つの業務を民間の別々の会社が行うことになった**のです。

小泉純一郎元首相は以前から「郵政民営化」論者でした。それには個人的な事情もあるといわれています。彼の最初の選挙で特定郵便局長たちが彼を支持せず、落選してしまったので、恨みがあったのではないか、というのです。

ともあれ、**「民営化すれば公務員が削減できる」**。そう演説して郵政選挙で圧勝しました。当時の郵便局員は、国家公務員という身分でした。郵便局を民営化すると、24万人もの国家公務員を減らすことができる。

確かに国家公務員は24万人減りますが、当時の郵便事業は、独立採算制（経営に必要な資金は、自分たちの収入でまかなうこと）で運営していました。郵便局の職員が国家公務員でなくなったからといって、税金による人件費の支出を減らすことなどできなかったのです。

とは言え、郵便局が国営であることで、問題がなかったわけではありません。

あなたは**「財政投融資」**を知っていますか？　民間の銀行に預けられたお金は、銀行を通して企業などに融資します。お金が余っている人からお金が必要なところに分配する機能が銀行です。そうしてお金を回すことで経済は活性化するのです。

でも、郵便局に集まったお金は大蔵省を通じて「○○公庫」とか「○○公団」とかいった特殊法人に融資され、公共事業に使われていました。高度成長時代はインフラをつくるうえで有効でしたが、その後はいらないハコモノの建設などに使われていた。**この資金の流れを絶たなくてはいけないというのが郵政民営化の目的の1つでした。**

**でも2001年には「財投改革」が行われ、財政投融資はすでに廃止されていた**のです。

実は、郵政民営化はアメリカの要望でもありました。当時、郵便貯金と簡易保険に入っているお金が全部で350兆円。民営化が実現すれば、このお金が民間に流れます。毎年「年次改革要望書」（日本政府とアメリカ政府が、相手の国に変えてほしいと思う制度や問題点についてまとめた文書）に、郵政の民営化について書かれていました。アメリカの狙いは、郵貯と簡保だったのです（ちなみに、当のアメリカの郵政事業は国営です）。

## 日本の郵政事業の流れ

郵政三事業

郵便　郵便貯金　簡易保険

郵政省がこの事業を取り仕切ってきた。

↓

**2001(平成13)年　省庁再編**

郵政省が自治省などと一緒に「総務省」に。
郵便局の事業は「**郵政事業庁**」の担当に

↓

**2003(平成15)年　日本郵政公社が誕生**

いよいよ政府から独立し、公社としてスタート。

↓

**2005(平成17)年8月　郵政解散**

小泉首相のもと、郵政民営化を問う総選挙を実施。
小泉政権が圧勝し、郵政民営化法案が可決。

↓

**2007(平成19)年10月　郵政民営化**

# 36 ≫ アメリカ発　100年に一度の金融恐慌

平成20（2008）年9月

2008年、アメリカで大手投資銀行グループのリーマン・ブラザーズが破綻《はたん》しました。このアメリカ発の「リーマン・ショック」は世界各国に飛び火し、100年に一度といわれる金融不安を招きました。

振り返ってみましょう。

アメリカには「投資銀行」という概念があります。「インベストメントバンク」です。日本にはこのジャンルはありません。アメリカの場合は「投資銀行」「証券会社」「商業銀行」と3種類の金融機関があり、リーマン・ブラザーズは投資銀行でした。

債券を発行して広く金を集め、自分で運用していくのが投資銀行の仕事です。大手投資銀行ゴールドマン・サックスの社員の世界でのボーナス平均はリーマン・ショック前で7000万円だったそうです。年間報酬ではなくてボーナスの金額だから驚きます。その代わり「クビ」と言われたら、直ちに私物を入れた段ボールを持って外へ出るしかない。シビアな戦いを続けているのです。

リーマン・ショックの**引き金となったのは、サブプライムローン**でした。「サブプライム」とは、「優良よりも下」という意味。金融機関での信用度が低い、低所得者向けの住宅ローンのことです。借りやすいのですが、その分金利が高いのです。

日本でも、審査の厳しい銀行より、消費者金融のほうが、金利が高いですね。それと同じことです。移民としてアメリカに入ってきて、ちゃんとした仕事に就いていない人も借りられる。でも信用度が落ちる分、金利は高い。**この仕組みができたことによって、アメリカで住宅ブームが起こります。**

日本とアメリカは、住宅ローンの返済の仕方が異なります。日本の場合は、ローンが返せなくなるとマイホームを担保として取られますね。このとき、担保価値が高くなっていたらいいのですが、逆に低くなっていたら土地や建物を売ったところで借りたお金を全額返せないというケースもありえます。担保を取り上げられた上に、残りの差額を払い続けなければならない仕組みです。

ところが、**アメリカの場合は住宅ローンを借りて返せなくなったら担保を差し出すだけでOK。**家の鍵《かぎ》を銀行に渡して出て行けばお終《しま》いです。気軽なので、**借りやすいのです。**

でも、貸した住宅金融会社には債権が生まれます。貸したお金を返してもらう権利のことです。債権を持つと同時に返してもらえないリスクが生まれます。

このリスクをどうしたら軽減できるか、考えたわけです。答えは「**リスクは他の人に押**

**し付ける」**。自分が持っていたら危険なので、早く手放してしまう仕組みをつくったのです。

ここで登場するのが投資銀行です。この債権を投資銀行が買います。お金が住宅金融会社に入るので、住宅金融会社はこのお金をまた住宅を買いたい人に貸します。また債権が発生する。その債権をまた投資銀行へ。ぐるぐる新たなお金が発生します。

投資銀行はどうしたかというと、これを魅力のある商品に仕立てます。いろいろな証券を混ぜ合わせることでリスクを薄め、新しい金融商品にして売り出したのです。**金融においては「混ぜるな危険」ではないのですね。**

さらに、この仕組みに加担するのが格付け会社です。「この金融商品は安全度が高いですよ」という格付けをする。お墨付きがあるので、買い手は安心して金融商品を買うことができます。この新しい金融商品は、世界中で売れました。

ここまではみんなハッピーだったのです。

２００７年、住宅バブルがはじけました。住宅価格が下落。金融機関はローンを返済できない人から住宅を取り上げたものの、その住宅は売れません。債権価値が急落するとともに、金融商品の価値も下がります。この商品を大量に持っていた世界の金融機関が多額の損失を出しました。日本への影響も少なくありませんでした。

# サブプライムローン問題の本質は、〝金融の闇鍋〟だった

# 37 ≫ リーマン・ショック、日本への影響

平成20(2008)年9月〜

リーマン・ブラザーズのような大手ですら経営不安で潰《つぶ》れた。すると、「あそこは、どうだ?」と**連鎖的な倒産を連想します。金融不安です。**こんなときは金融機関などが「現金を持っておこう」と、誰にも貸さなくなります。お金の流れ、人間の体でいえば血流が止まるのです。自動車ローンが借りられなくなり、自動車の売れ行きも止まりました。

かくして日本の自動車会社も生産を減らします。派遣社員は3カ月、6カ月単位などで契約しています。正社員を解雇する時は1カ月前に通告しなければなりませんが、派遣社員はその必要はありません。突然、契約を切られます。**「派遣切り」です。**

自動車会社や関連会社で働いていた人たちは、会社側が寮やアパートを提供していました。でも派遣切りに遭えば、出て行かなければなりません。仕事も住まいも失って突然、路頭に迷う人が増えました。**2008年の暮れ、日比谷公園に「年越し派遣村」ができました。**年末年始は役所が休業になり、支援を受けることができなくなってしまうためボランティアなどが開設したのです。リーマン・ショックの影響で世界同時不況になり、日本では、派遣労働者が一斉にクビになる事態が発生しました。

# 100年に一度といわれる金融危機「リーマン・ショック」

2008(平成20)年9月15日、アメリカの大手投資銀行であるリーマン・ブラザーズが経営破綻。写真は、破綻当日のアメリカ・ニューヨークのリーマン・ブラザーズ本社。

写真:The New York Times/アフロ

日本にもリーマン・ショックの影響が及び、「派遣切り」が行われた。派遣切りにあった人たちを助けようと、2008（平成20）年12月31日から2009（平成21）年1月5日まで、東京都千代田区の日比谷公園に年越し派遣村が開設された。

写真:アフロ

# 38 ≫ 深刻だったギリシャ危機

平成21（2009）年10月～

実は日本は2007年くらいから、なんとか自力でデフレから脱出できそうな復活の兆しが見え始めていました。そんな矢先にリーマン・ショックが起きます。ドルは下がります。急速なドル安、つまり円高が起こり、結果、輸出産業の業績が悪化します。再びデフレに陥りました。株価の落ち込みも大きなものとなりました。

**世界で最も深刻な影響を受けたのが、ギリシャでした。**ギリシャでは平成21（2009）年10月の総選挙で新たな政権が誕生。新政権がそれまでの財政状態を調べたところ、**「赤字隠し」が発覚しました。**EUに加盟するには、財政赤字がGDP比3％以内でなければいけないのに、GDP比13・6％もの財政赤字があったのです。

ギリシャ国債は大暴落。これを大量に保有していた銀行のあるEU加盟諸国は、慌ててギリシャへの支援を決定。ギリシャだけでなく、スペインやポルトガルでも国債が大暴落し**「PIGS《ピッグス》」という言葉が注目されました。**直訳すれば「豚」ですが、EUで財政破綻の危険性が高い「ポルトガル」「アイルランド」「ギリシャ」「スペイン」の4カ国の頭文字を合わせたものです。その後、「イタリア」も加わり、**「PIIGS」**となりました。

## EU経済危機を悪化させた構造的な問題

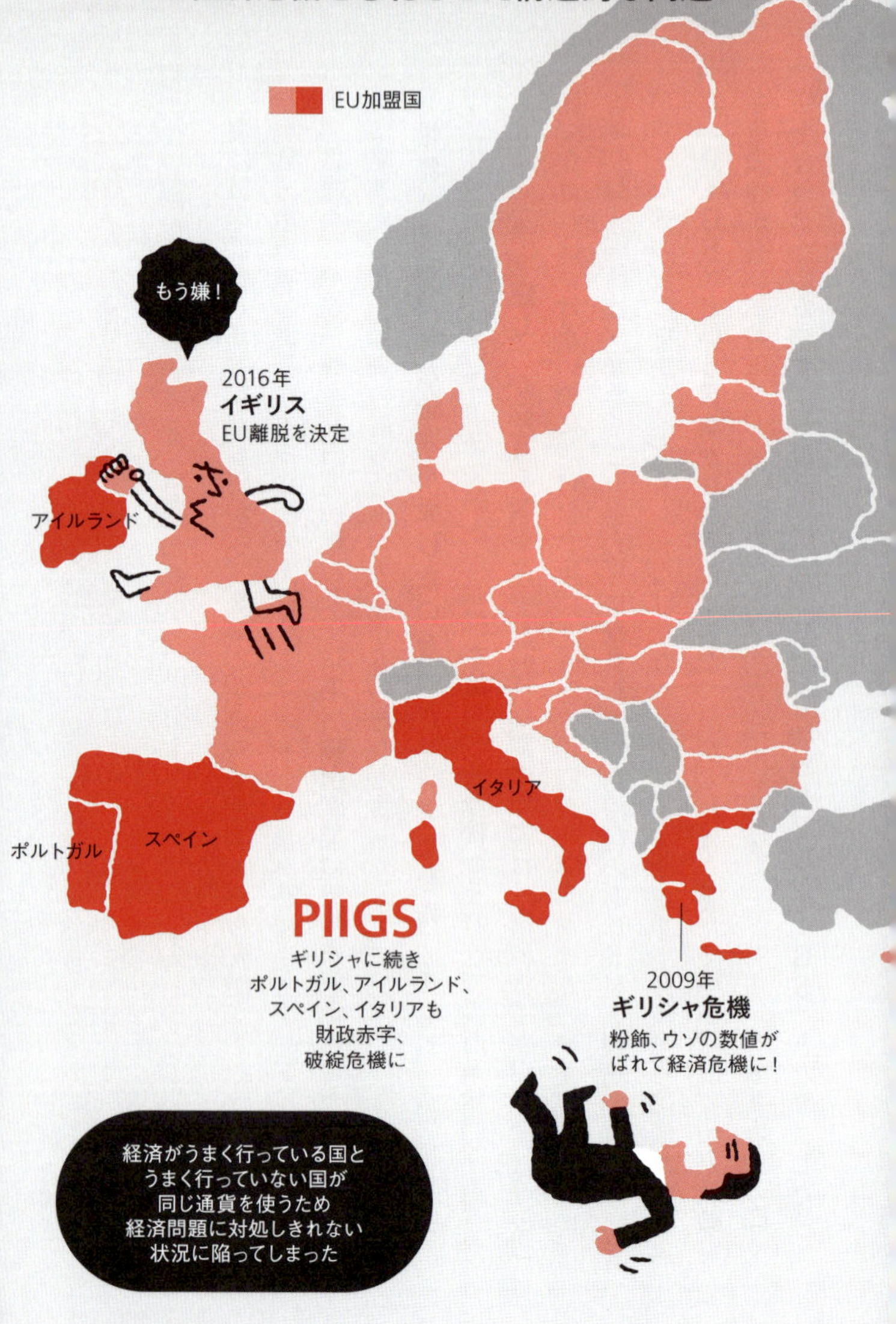
EU加盟国
もう嫌！
2016年
イギリス
EU離脱を決定
アイルランド
イタリア
スペイン
ポルトガル
PIIGS
ギリシャに続き
ポルトガル、アイルランド、
スペイン、イタリアも
財政赤字、
破綻危機に
2009年
ギリシャ危機
粉飾、ウソの数値が
ばれて経済危機に！
経済がうまく行っている国と
うまく行っていない国が
同じ通貨を使うため
経済問題に対処しきれない
状況に陥ってしまった

# 39 ≫ 尖閣諸島近海での中国漁船衝突事件

平成22（2010）年9月

2009年8月30日、日本では劇的な政権交代がありました。衆議院総選挙で民主党が308もの議席を獲得、単独過半数を制して政権を奪取したのです。

首相になったのは民主党の鳩山由紀夫《はとやまゆきお》。ちなみに野党に転落した自民党の総裁に選ばれたのは谷垣禎一《たにがきさだかず》でした。

民主党は「コンクリートから人へ」をスローガンに、子ども手当の導入、高校授業料無償化、高速道路の無料化などを約束しました。その財源確保のために行ったのが「事業仕分け」です。行政の無駄を省こうとしましたが、事業仕分けにより獲得できた予算額は目標にはほど遠いものでした。

鳩山首相と小沢一郎民主党幹事長が政治とカネの問題で辞任すると、新しく首相になったのが菅直人《かんなおと》です。菅政権の下、民主党の支持率を大きく下げる事件が起こります。尖閣《せんかく》諸島近海での中国漁船衝突事件です。沖縄県・尖閣諸島周辺で不法操業をしていた中国の漁船が、これを取り締まろうとした海上保安庁の巡視船に衝突。対応のまずさから国内で批判が高まったのです。

## 戦後初の本格的な政権交代。民主党政権

**2009(平成21)年8月30日　衆議院選挙**
(麻生太郎内閣のもと行われた)
**民主党が308議席を獲得し、
民主党・国民新党・社民党の3党による連立政権ができた。**

↓

| | | |
|---|---|---|
| **鳩山由紀夫内閣** | 2009(平成21)年9月16日<br>～2010(平成22)年6月8日 | ●政治主導の政策を次々と推し進めた。<br>●沖縄普天間基地移転問題で迷走。 |
| **菅直人内閣** | 2010(平成22)年6月8日<br>～2011(平成23)年9月2日 | ●参議院選挙で敗れる。<br>2010(平成22)年7月11日<br>●尖閣諸島近海での中国漁船衝突事件<br>2010(平成22)年9月7日<br>●東日本大震災の発生<br>2011(平成23)年3月11日 |
| **野田佳彦内閣** | 2011(平成23)年9月2日<br>～2012(平成24)年12月26日 | ●増税路線に舵をきる。<br>●民主党・自由民主党・公明党の3党の間で、「社会保障と税の一体改革に関する合意」をとりつける。 |

↓

**2012(平成24)年12月16日　衆議院選挙**
**民主党が大敗。
鳩山由紀夫、菅直人、野田佳彦と続いた民主党政権は
3年3カ月で終わった。**

## 40 ≫ 東日本大震災　観測史上日本最大の地震

平成23（2011）年3月

アメリカで同時多発的に発生した航空機を用いたテロは「9・11」と呼ばれますが、**「3・11」は、2011年3月11日に発生した東日本大震災**です。

マグニチュードは9・0、観測史上日本最大の地震で、津波の猛威は一瞬にして1万5000人以上（行方不明者を含めると約1万8000人）の命を飲み込みました。

そして、**この震災のもう1つの大きな特徴は、その後の原発問題**です。福島第一原子力発電所が停電に見舞われ、その後の津波で非常用発電機が破壊されて原子炉が冷却不能となってしまいました。このため、原子炉内で水を循環させて核燃料を冷やせなくなってしまいます。原子炉内の水は核燃料の熱で沸騰し、核燃料がむきだしになる**「炉心溶融（メルトダウン）」が起こりました。**

福島原発周辺の福島県浜通り地方を中心とする一帯では、住民が避難。情報が錯そうする中、菅直人首相は国民の信頼を失いました。

内閣支持率が10％台に落ち込んでも、菅首相は政権に執着しましたが、発生から5カ月後の8月、ようやく辞意を表明しました。

# 3.11 東日本大震災と原発事故

2011（平成23）年3月11日午後2時46分、日本の三陸沖を震源とするM9.0という日本周辺における観測史上最大の地震が東日本を襲った。地震のあとに起きた大津波がさらなる被害をもたらした。まだ復興の途上だ。

東日本大震災と津波により、福島県東部・太平洋沿岸にある東京電力の福島第一原子力発電所が炉心溶融や圧力容器の破損を起こした。

提供:TEPCO/ロイター/アフロ

# 41 ≫ 菅政権から野田政権へ

平成23（2011）年9月〜

菅直人の後、首相に就任したのは野田佳彦《のだよしひこ》です。自身を泥の中のドジョウになぞらえる新首相は、**「社会保障と税の一体改革」を目指し、消費税率を段階的に上げる消費税関連法案を国会に提出。**自民・公明と3党合意し、法案は成立しました（反対派の小沢グループは民主党を離れ、「国民の生活が第一」を結成）。

野田政権に打撃を与えたのは、**尖閣諸島国有化による日中関係の悪化**です。

尖閣諸島とは、東シナ海にある5つの島と3つの岩礁からなる島々で、現在は沖縄県石垣《いしがき》市に属しています。1895年に日本が領有を宣言。当時は中国も異議をとなえなかったのですが、1970年代になり、国連がこの島の周辺に石油などの海底資源が豊富にある可能性を発表すると、突然、台湾と中国が「自分のものだ」と領有権を主張し始めたのです。

尖閣諸島を自分のものにすることで、海底資源を自由に採掘したいという思惑があったのですね。

そんな中、中国に対して強硬派といわれる石原慎太郎《いしはらしんたろう》都知事は、「東京都が買い取る」

計画を発表。すると、計画に賛同する人々から総額で14億円以上の寄付が東京都に寄せられました。

これに対し野田首相は、政府で尖閣諸島の購入を決定。20億円あまりで所有者から購入する契約を締結しました。**尖閣諸島を国有化したわけです。**

国有化後、中国が猛反発します。中国各地で一斉に反日デモが発生しました。反日デモは各地で拡大し、日本食レストランや日本企業の商店、工場などが略奪にあったり、放火されたり、日本人への暴行事件も発生しました。

日中関係は1972年に国交を結んで以来、最悪の状態になってしまったのです。ところが、中国政府は突然、国民が反日デモに参加しないように取り締まりを行います。

実は、中国では貧富の差が拡大しており、その不満からデモの矛先が政府へと向かうことを恐れたのではないかと思われます。実際に、デモ隊の中には、貧しくても国民が平等だった時代の指導者・毛沢東の肖像画を掲げる者もいました。

外交面での対応の悪さが目立った野田政権。2012年12月の衆議院総選挙で、かつて308あった議席を57まで落とし、3年間の民主党政権は終わりを告げることになります。

## 東アジアにおける領土問題

日本最南部近くにある諸島。
日本は明治中期に日本領であると宣言。
しかし、1970年代から中国・台湾も領有権を主張し始めた。

日本海の南西部に位置する島。
1952(昭和27)年以降韓国が実効支配している。

尖閣諸島の中で最大の島である魚釣島。無人島。この島に上陸するには日本政府の許可が必要となるが、許可がおりることはほとんどない。

# 42 ≫ アベノミクスとは？



2012年12月16日の衆議院選挙では自民党が圧勝します。選挙後、特別国会が12月26日に召集され、自民党の安倍晋三が首相に就任、自公連立の第2次安倍政権が発足しました。

安倍首相は長期にわたる**デフレからの脱却を最大の課題とし、その処方箋《しょほうせん》として「アベノミクス」を提唱**しました。

アベノミクスとは、わかりやすく言えば「国民にお金を使ってもらおう」という考え方に基づく政策です。**「三本の矢」**と呼ばれました。

ちなみに三本の矢とは、戦国武将の毛利《もうり》元就《もとなり》が3人の息子たちに言い聞かせたといわれる故事に由来します。

「一本の矢はすぐ折れてしまうけれど、三本集まると簡単には折れないから、みんなで力を合わせて頑張れ」という話です。

安倍首相の選挙区は山口県。山口県は毛利家が支配していたので、使いたかったのでしょう。

では、モノの値段が下がり、景気が悪化する「デフレ」から抜け出すための三本の矢＝3つの政策とは何か。

●**第一の矢**＝「**異次元（金融）緩和**」……これは、日銀が金利を低く誘導した上に、大胆な量的緩和を行う政策で、会社や個人にお金を借りてもらおうという政策です。これは日銀の役割です。

●**第二の矢**＝「**財政出動**」……これは、国のお金（財政）を支出して、公共事業を増やそうという政策です。古くなった道路を補修したり、耐震工事をしたりすれば、建設業者の仕事が増え、雇用も増えます。もらった給料で買い物をしてくれれば、景気がよくなるだろうという政策です。これは政府の役割です。

日銀と政府が手を取り合って景気対策をやっていこうというわけですね。

●**第三の矢**＝「**成長戦略**」……新しい産業を生み出して経済の活力を取り戻そうという戦略です。これは民間に頑張ってもらうしかありません。

アベノミクスは結局どうなったのか。

株価は見事に上がりました。安倍政権誕生時、約1万円だった日経平均株価は2015年4月には一時的に2万円を突破しました。アベノミクスは株価を上げることには成功しました。

ただ、**まだデフレから脱却できたとはいえません。**

日銀の黒田東彦《くろだはるひこ》総裁は「2年間で2％消費者物価を上昇させる」と公約しました。デフレは物価が下がっていくことですから、人為的にインフレ状態をつくり出すことによってデフレからの脱却を図ろうとしたのです。しかし、2％の目標は未達です。

二本目の矢については、確かに財政政策によって全国で公共事業が増え、建設関連に関しては景気がよくなりました。でも、東北地方の復興もあって需要に供給が追い付かず、建設予算を2〜3割高くしないと建物が完成しないということが、あちこちで起こりました。

三本目の成長戦略。本来はこれがうまくいくことが理想なのですが、新しい産業が発展し、大勢の雇用を生むというのはなかなか難しいものです。役所が音頭をとって成長戦略をやろうとしても、うまくいったためしがありません。役人たちは「予算をどう使うか」ということにひたすら頭を使ってきました。「新しい産業をつくりなさい」と言われても、簡単にできるものではないのです。

**総括するとすれば、矢は放ったけれど、すぐ手前で落ちて的には到達しなかったという感じではないでしょうか。**

その後、**2015年にも安倍首相は「新・三本の矢」を放ちます。**①「希望を生み出す強い経済」、②「夢を紡ぐ子育て支援」、③「安心につながる社会保障」です。

この新・三本の矢をよく考えてみると、**矢ではなく「的」です。**最初の三本の矢はデフレ脱却という目的があったのですが、新・三本の矢は矢とも言えない。

これまでを振り返ると、確かに株価は上がった。株価においては、有効な処方ができたといえるでしょう。数字の上では失業者も減りました。ただ、景気回復の実感があまりありません。

単純に企業は儲《もう》かっているのに、なかなか従業員の給料は上がらないということもあるでしょうし、雇用が不安定な非正規労働者が増えただけとも言われます。

株式投資をしている人は、アベノミクスによって豊かになったかもしれません。でも、それ以外の人はアベノミクスで自分の生活が豊かになったという実感を持っていません。**格差が広がっているというのが実情です。**

アベノミクスについては、さまざまな議論があります。しかし、批判するのは簡単だけれど、「それに代わる案は?」と言われても確かに出てこないという現実もあります。要はそれが、日本が抱える課題ということです。

## アベノミクスでデフレ脱却を図ったが……

**三本の矢**

第一の矢（金融）… 大胆な金融政策

第二の矢（財政）… 機動的な財政政策

第三の矢（成長）… 民間投資を喚起する成長戦略

**新・三本の矢**

実質は矢というよりは三つの的か？

第一の矢
希望を生み出す強い経済
2020年頃までにGDP600兆円

第二の矢
夢を紡ぐ子育て支援
希望出生率を1.8に

第三の矢
安心につながる社会保障
介護離職ゼロ

いまだデフレからは脱却できていない……。

# 43 ≫ クリミア住民投票

平成26（2014）年3月

２０１４年3月16日、**ウクライナのクリミア半島で住民投票が行われました。**「ウクライナから独立して、ロシアの一部になりたいか」を問う住民投票です。結果、クリミア自治共和国では96・77％がロシア編入に賛成の票を投じたとされています。

しかし、投票は〝正体不明の武装勢力〟が各地に展開する中で行われたもの。当時、ロシアのプーチン大統領は、「ロシア軍はクリミア半島にいない」と言い張りましたが、１年後、ロシア軍2万人を動員し、さらに特殊部隊まで送り込んでいたことを明かしました。ロシアはどうしてもクリミア半島が欲しかったのです。

**ウクライナは、ロシアと東ヨーロッパの間に位置する国**です。ソ連時代はソ連を構成する国の1つでしたが、ソ連崩壊に伴い１９９１年に独立しました。これにより、クリミア半島はロシアのものではなくなったのです。クリミア半島の中の「親ロシア」の人たちには不満が残りました。

**ウクライナの東側と西側では、文化も宗教も言語も違います。**もともと東部は帝政ロシアの領土でロシア系住民が多く住む一方、西部はヨーロッパに近い。したがって、東半分の人たちは「自分たちはロシアの一員だ」と思い、西半分の人たちは「自分たちはヨーロッパの一員だ」と思っているのです。

ウクライナでの紛争は、ウクライナがEUに入るかどうか協議を始めようとした時に起こりました。ヴィクトル・ヤヌコビッチ前大統領は、EUに入る協議を突然凍結します。親ロシア派の反発と、ロシアからの圧力があったからです。**プーチン大統領としては、ソ連の一部だった国がEUに入ることは許せませんでした。**

これに対して「EUに入りたい派」が大規模なデモや暴動を起こし、ヤヌコビッチ政権が崩壊。以降、内戦に陥っていました。そんな中、ロシアがクリミア半島に軍事介入。クリミア半島はロシアに併合されてしまったのです。

EUやアメリカなどがロシアを激しく非難し経済制裁を実施しています。その理由は主に、ロシアとウクライナが「たがいに領土を侵略しない」と定めた宣言に違反しているからです。ロシアが、これらに違反してもクリミア半島を手に入れたかったのは、歴史的にロシアの領土だった時代が長かった上、クリミア半島に黒海艦隊の基地があるから。ロシアにとって軍事的に重要な場所なのです。

プーチン大統領は「**ソ連の崩壊は地政学的な大惨事だった**」と言っています。**かつてのソ連の領土を取り戻すのがプーチン大統領の野望です。**

## ロシアが実効支配している北方領土

1945(昭和20)年、第2次世界大戦で日本が降伏した後、当時のソビエト連邦が4島を占拠。

↓

**1956(昭和31)年、日ソ共同宣言**

国交回復、関係も正常化。
しかし、北方領土問題は先送りされた。

↓

**2016(平成28)年12月**
**安倍・プーチン　日露首脳会談**

北方領土問題に大きな進展はなかった。

# 44 ≫ 中東に自称「イスラム国」樹立

2014年6月、**「イスラム国」（IS）を自称する武装勢力**がシリア東部からイラク北西部を制圧し、勢力を拡大し国家樹立を宣言しました。そして翌年には、日本人の**湯川遥菜《ゆかわはるな》さんと後藤健二《ごとうけんじ》さんを拘束して殺害するという衝撃的な事件も起こりました。**

自称「イスラム国」はどうして生まれたのか。

きっかけをたどると2003年、アメリカのイラク攻撃にまで遡《さかのぼ》ります。アメリカがイラクのフセイン政権を倒した際に、フセインを支えていたバース党員を公職追放にしてしまったものだから、一夜にしてイラクの統治機構が崩壊してしまいましたね。クビだと言われた兵隊たちは、頭にきて武器や弾薬を盗んで姿を消すのです。

イスラム教徒は大きく**「スンニ派」**（イスラム教徒全体の約9割）と**「シーア派」**（イスラム教徒全体の約1割）に分かれます。フセインはイラクでは少数派の「スンニ派」で、バース党員もスンニ派です。**イラクでは多数派のシーア派が、フセインによって抑圧されていたのです。**

シーア派にしてみれば、バース党員追放は絶好のチャンス。スンニ派をあちこちで攻撃するようになります。こうしてイラクが内戦状態になり、周辺の過激派組織が次々とイラクへ集まってくるのですね。**権力の空白が生まれたことで、イラクがテロリストの巣窟《そうくつ》となってしまった**のです。

よって、**自称「イスラム国」は「アメリカ（ブッシュ）がつくった」と言っても過言ではありません。**

イスラム・スンニ派の過激派組織がもとになって誕生した自称「イスラム国」は、「イラクのイスラム国」と名乗っていました。しかしあまりに過激なので、イラク国内では支持を得ることができませんでした。ちょうどその頃、イラクの隣の**シリアで内戦が始まります。チュニジアで始まった「アラブの春」が飛び火したのです。**

シリア国内ではアサド政権と反政府勢力が戦っていました。シリアのアサド政権はシーア派系（アラウィ派）なので、スンニ派の大国サウジアラビアやカタールは反政府組織を支援します。大量の武器や資金を提供しました。

イラクのイスラム国はここに介入し、反政府組織が持っていた大量の武器や資金を奪って勢力を拡大し、一時はイギリスほどの面積を支配するようになります。つまり、もともとイラクにいた過激な組織が、シリア内戦を契機にシリアに介入し、シリアで武器や資金を手に入れてさらに巨大な組織となり、イラクに戻って「イスラム国」と名乗るのです。

**彼らの野望は世界のイスラム化でした。**

ここで歴史を遡れば、シリアとイラクはかつてイスラム教国であるオスマン帝国の領土でした。第1次世界大戦後、イギリスとフランス、ロシアがこの地域を分割する密約「サイクス・ピコ協定」を結びます。**自称「イスラム国」はイラクとシリアに分断された状態を「サイクス・ピコ体制」と呼び、これを打破すると主張しました。**

自称「イスラム国」の支配地域には、キリスト教徒やユダヤ教徒もいたのですが、宗教はそのままでいいと認めました。イスラム教のコーランには、「ユダヤ教徒もキリスト教徒も同じ啓典の民」と書いてあるからです。**「同じ神様を信じているなら大切にしなさい」と。**

ただし、同じイスラム教徒のシーア派は認めません。シーア派は彼らにとってみれば「イスラム教を捨てた背教者」だからです。「異端は異教より憎し」なのです。

スンニ派の自称「イスラム国」にしてみれば、シリアのアサド政権はシーア派系なので絶滅させなければと考え、シリア国内でシーア派を見つけては殺害しました。一方、ロシアはアサド政権を支援。アメリカは反政府勢力を支援、大国も入って来て代理戦争の様相を呈していました。

しかしそのうち国境管理が厳しくなり、それまでのように世界中から戦闘員が集まって来なくなります。自称「イスラム国」は世界中から戦闘員を集めていましたが、それ以外に自殺願望のある若者たちも集まって来ていました。敬虔《けいけん》なイスラム教徒でなくても、どうせ死ぬなら天国へ行けるような死に方がいいと捨て鉢になる若者にとっても魅力的にうつったのです。そんな若者には**「それぞれの場所で戦え」と指示を出しました。**それが2015年11月にフランスで起こった同時多発テロや、2016年のインドネシア・ジャカルタでの爆弾テロ、ベルリンのクリスマスマーケットにトラックが突っ込んだテロなどにつながり、その後も、**〝イスラム国〟を名乗るテロは後を絶ちません。**

一方、自称「イスラム国」は、石油生産や密輸、身代金といった収入源を失い、支配地域が縮小していきます。2017年にはアメリカ主導の有志連合の攻撃、ロシアの介入で崩壊しました。しかし、「イスラムの理想を取り戻そう」という自称「イスラム国」の考え方に共鳴する若者は世界中に存在し、それぞれの国でテロを起こす可能性は残っています。**自称「イスラム国」が消滅しても、テロ行為がなくなるわけではない。これが今後の世界の大きな問題です。**

## 自称「イスラム国」の変遷

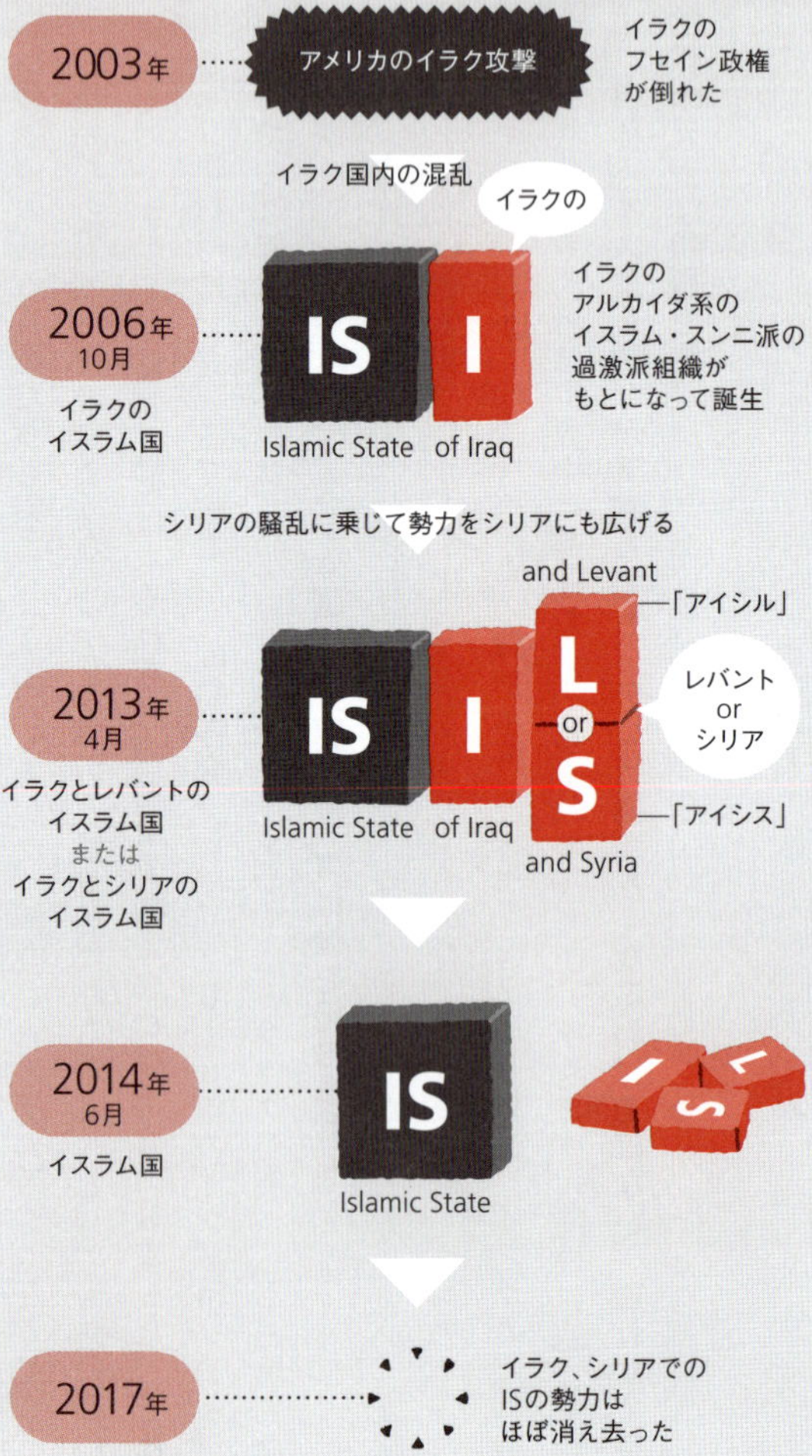

2003年
アメリカのイラク攻撃
イラクのフセイン政権が倒れた
イラク国内の混乱
イラクの
2006年10月
イラクのイスラム国
IS I
Islamic State of Iraq
イラクのアルカイダ系のイスラム・スンニ派の過激派組織がもとになって誕生
シリアの騒乱に乗じて勢力をシリアにも広げる
2013年4月
イラクとレバントのイスラム国
または
イラクとシリアのイスラム国
IS I L or S
Islamic State of Iraq
and Levant
「アイシル」
レバント or シリア
and Syria
「アイシス」
2014年6月
イスラム国
IS
Islamic State
2017年
イラク、シリアでのISの勢力はほぼ消え去った

# 45 ≫ パリ同時多発テロ



2015年11月13日、**フランスのパリで史上最悪のテロ事件が発生しました。**この事件で130人が死亡、300人以上の負傷者が出ました。2016年には、フランス南部のニースで、トラックによるテロも起きています。フランスで何が起こっているのか。

**フランスは移民大国**です。第1次世界大戦後、人口が減少したフランスはヨーロッパ各地から、あるいは旧植民地のアルジェリア、モロッコ、チュニジアといった北アフリカから労働力として移民を積極的に受け入れ、発展してきた国なのです。たとえば、フランス大統領になったフランソワ・オランドはオランダからの移民の子孫ですし、元大統領のニコラ・サルコジの父親はハンガリーからの移民です。さすがは「自由・平等・博愛」の国だと思うでしょう。

ただし、**フランスの移民政策は徹底的な「同化政策」です。**つまり「フランスに移民してくるなら、よきフランス人になりなさい」と求めます。

フランスでは、公立学校に宗教のシンボルを持ち込むのは禁止されています。はっきりとキリスト教徒とわかるような十字架がついたものや、イスラム教徒とわかる髪の毛を隠すスカーフを禁止しています。

異教徒だけでなく、キリスト教のシンボルも同じように禁止されているので「フェア」といえばフェアなのですが、イスラム教徒にしてみれば自分たちの宗教が否定されているように思うのです。

あるいは同じ移民でも、一世と二世、三世では考え方に差があります。

一世は自分の意思でフランスに来たのですから、同化することを拒まず「よきフランス人になろう」と思います。しかし、二世、三世になると自分はフランスで生まれたのだから、最初からフランス人という意識がある。それなのにキリスト教社会で差別を受ける。

たとえば名前に「モハメッド」とついていると、面接もしてもらえないケースがあり、就職できない人も多く、実際に移民の失業率は16％にものぼるといいます。

**差別される二世、三世の人たちは、自分のアイデンティティとは何だろうと思い悩み、〝イスラム国〟と一緒に戦おうという若者も出てくる**のです。彼らにとってはリアルな戦場よりも差別をされるフランス社会のほうが「戦場」だったのかもしれません。

フランスで起きたのは、**国内で生まれ育った若者がテロをする「ホームグロウン・テロリズム」**です。

# 46 ≫ 日銀がマイナス金利導入

2016年1月29日、日本銀行がマイナス金利政策の導入を決めました。

マイナス金利とは何でしょう?

お金を銀行に預ければ、わずかとはいえ利息が受け取れる。この常識が覆るのがマイナス金利です。お金を預ければ、銀行に「金庫代」といってお金を取られる? 違います。

あなたが銀行に預けたお金がマイナスになるわけではありません。

日銀は「銀行の銀行」と呼ばれます。一般の銀行は資金不足になったときに備えて日銀にお金を預ける(当座預金という)のですが、その一部がマイナス金利になるというわけです。

なぜそんなことをするのか、というと、銀行は日銀にお金を預けておけばわずかであっても利息が受け取れる。これでは、銀行が努力して貸出先を開拓する意欲が薄れてしまいます。景気を良くするには、銀行にどんどんお金を貸し出してもらわなければいけない。そこで、「日銀の当座預金に余計なお金を預けたままにしていたら、ペナルティを取りますよ」と宣言したのです。

平成28(2016)年1月

マイナス金利は、あくまで日銀と各金融機関における金利の話です。日銀にお金を預けすぎると〝罰金〟を取られる、と考えればいいでしょう。

日銀は景気をよくするために、金融緩和をしてきましたね。日銀は景気が悪いから金利を下げる。金利が下がれば企業はお金を借りやすくなるからです。マイホームを買う人が増えれば、それも景気回復につながります。こういう行為を「金融緩和」といいます。日銀はこうして金利を下げ続け、ほとんどゼロまで下げました。でも、それでも景気はなかなかよくなりません。そこで今度は「量的緩和」に踏み切りました。銀行が持っている国債を日銀が買い上げ、その分だけせっせと紙幣を発行。その紙幣を当座預金に振り込む（数字上の操作ですが）。こうして銀行の当座預金が増えれば、企業に貸し出すようになるだろうと期待したのです。

ところが、それでも貸出額は伸びない。焦った日銀が「貸し出しをしないなら罰金を取るぞ」と通告した。これがマイナス金利です。

これにより、その後は国が発行する国債もマイナス金利になってしまいました。国債とは国の借金ですから、国は借金をしても利息を払う必要がないどころか、借金するほど儲かってしまいます。まさしく、これは「異常事態」です。

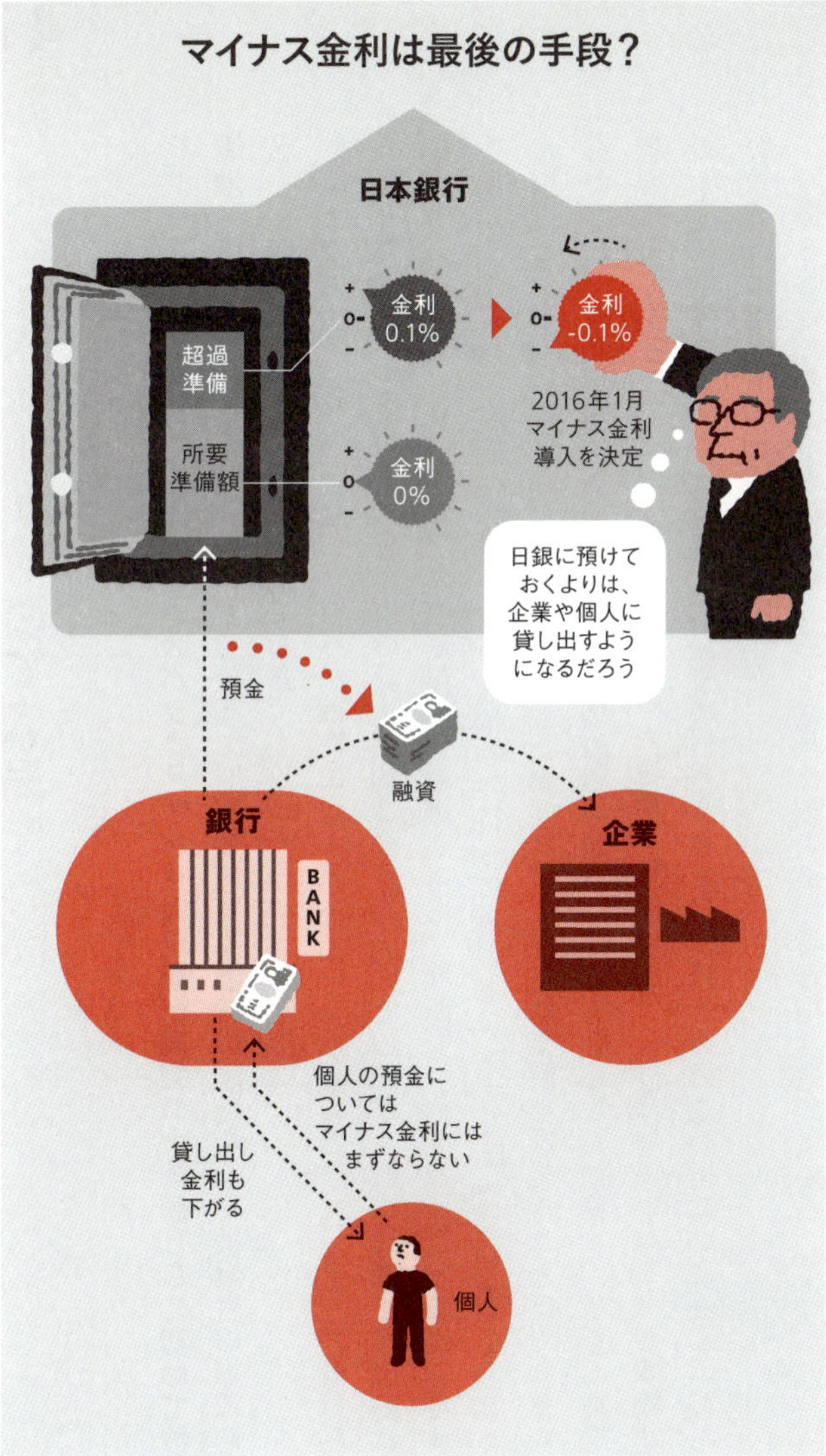
マイナス金利は最後の手段？
日本銀行
超過
準備
所要
準備額
金利
0.1%
金利
0%
金利
-0.1%
2016年1月
マイナス金利
導入を決定
日銀に預けて
おくよりは、
企業や個人に
貸し出すよう
になるだろう
預金
融資
銀行
BANK
企業
個人の預金に
ついては
マイナス金利には
まずならない
貸し出し
金利も
下がる
個人

## 47 》オバマ大統領が初めて広島を訪問

平成28(2016)年5月

2016年5月27日、アメリカの**バラク・オバマ大統領が現職の大統領として初めて被爆地・広島を訪れました。**平和記念公園で原爆死没者慰霊碑に献花をし、被爆者の森重昭《もりしげあき》さんを抱きしめた場面は印象的でした。

第2次世界大戦でどれだけの人が犠牲になったのか。この戦争での日本の死者は約310万人です。このうち日本軍の兵士が約230万人。その差が一般市民です。広島になぜ広い公園ができたのか。住宅密集地に原爆が落ち、壊滅して何もなくなったからです。

私は5月27日、広島にいてオバマ大統領の17分に及ぶスピーチを聞いていました。「こんなことが本当に実現したのか……」そう思うと、こみ上げる涙を抑えることができませんでした。約40年前、私はNHKの広島放送局呉《くれ》通信部に記者として勤務し、多くの被爆者を取材しました。「いつかアメリカの大統領が広島に来てくれたらいいねぇ」と夢物語のように語り合ったことを覚えています。もう彼らは、ほとんどこの世にいません。彼らにこの光景を見せたかった。

原爆を落とした国の大統領が、落とされた国の被爆者と抱き合っている。

オバマ大統領と抱き合った森さんは、広島で捕虜となっていた12人のアメリカ兵が原爆投下で亡くなっている事実を知り、そのアメリカ兵が誰なのかを1人ひとり割り出し、アメリカの家族に伝える活動をしてきました。それが生き残った自分にできることだと考えたそうです。長年、「アメリカの大統領に広島に来てほしい」と訴え続け、ようやくこの日、オバマ大統領との面会を果たしたのです。

**オバマ大統領のスピーチは「核なき世界」に向けた決意表明のような内容**で、すばらしいものでした。オバマ大統領は2009年、チェコのプラハでも核兵器を使った国の大統領として「世界から核兵器をなくすために努力をする道義的責任がある」と演説し、ノーベル平和賞を受賞しました。そして2017年のノーベル平和賞は「核兵器廃絶国際キャンペーン（ICAN）」が受賞しました。

ところが、世界を見回してみると核兵器は減っていないどころか、核兵器を持ちたいという国が増えているのです。使えない兵器をなぜ人間は持つのか。

オバマ大統領は核兵器廃絶への理想を語りましたが、広島訪問時、**アメリカの大統領として「核のボタン」を持ち込んでいたのも、また事実なのです。**

# 核兵器廃絶への道は続く

### オバマ大統領によるプラハ演説

2009(平成21)年4月5日、チェコの首都プラハでオバマ大統領が演説。
核廃絶へ具体的な目標を示した演説として注目され、
オバマ大統領はその年のノーベル平和賞を受賞した。

### 核兵器廃絶国際キャンペーン
### (International Campaign to Abolish Nuclear Weapons=ICAN )

世界各国の政府に対して、核兵器禁止条約の
交渉開始・支持などのロビー活動を行う目的で設立された。
2017(平成29)年にノーベル平和賞を受賞。

2016(平成28)年5月27日、アメリカのオバマ大統領が現職大統領として初めて広島を訪問。
写真は、所感を述べた後、アメリカの捕虜被爆者の調査をする森重昭さん(手前)を抱きしめるオバマ大統領。

写真:毎日新聞社/アフロ

# 48 ≫ 小池・東京都知事の誕生

平成28(2016)年7月

2016年7月31日、東京都知事選挙が行われました。選ばれたのは小池百合子《こいけゆりこ》でした。都知事といえば、1300万人の都民(日本の人口の10分の1)と17万人の都の職員を抱えるリーダー。東京都の予算規模13兆円はスウェーデンの国家予算に匹敵し、その絶大な権力は「首相より上」といわれることもあります。

ここで、平成以降の都知事が何をしたのか振り返ってみましょう。

平成元年に都知事だったのは、官僚出身の鈴木俊一《すずきしゅんいち》(1979～1995年)でした。鈴木都政は、4期16年も続きました。彼の功績は、「財政の立て直し」でした。その前の美濃部亮吉《みのべりょうきち》都政では、老人医療費の無料化など、手厚い福祉行政で財政赤字がかさんでしまいました。1000億円以上の赤字を出し、バラマキ福祉という批判を受けたのです。ただし、鈴木都政も4期目になると、いわゆるハコモノ行政(江戸東京博物館や東京ビッグサイト)を推進したことで財政が再び悪化してしまいました。

後を継いだのが放送作家、小説家の顔を持つ青島幸男《あおしまゆきお》(1995～1999年)でした。選挙に出る時の公約が「世界都市博覧会の中止」。鈴木都知事のとき、湾岸を開発し、世界都市博覧会を開催することが決まったのですが、青島氏は「そんな無駄遣いをすべきではない」と主張しました。当選したらその通り中止したのですが、実は準備が8割がた終わっていたと言われており、「そのまま開催したほうが経費は少なく済んだのではないか」と批判され、功罪相半ばするというところもありました。

青島の次は、石原慎太郎（1999〜2012年）です。石原といえば、「ディーゼル車排ガス規制」が有名です。その後、国が後を追うかたちとなりました。

尖閣問題では、国の態度に業を煮やし、中国が領有権を主張する尖閣諸島を個人の所有者から買うと表明。「国がやらないからだ」と批判しました。その他、羽田《はねだ》空港の国際化を訴え、いままさにそれがどんどん進んでいます。

その一方で「新銀行東京」という中小企業向けの銀行を東京都がつくったのですが、累積赤字が最終的に1000億円を超えてしまい、大きな批判を浴びました。

この強烈なキャラクターの都知事の後を継いだのが、石原都知事時代に副知事だった猪《いの》瀬《せ》直樹《なおき》（2012〜2013年）です。猪瀬都知事といえば、2020年オリンピック・パラリンピックの東京招致ですが、出馬する直前に医療法人徳洲会《とくしゅうかい》から現金5000万円を借り入れたことが発覚し、政治とカネの問題で、史上最短で辞任することになりました。

猪瀬都知事辞任後の選挙で当選したのが舛添要一《ますぞえよういち》（2014〜2016年）です。かっては首相にしたい人ナンバーワンといわれたこともありましたが、彼は政治資金の公私混同問題で辞任に追い込まれました。

2代続けて都知事がカネの問題で辞任となると、**次の都知事には「お金についてのクリーンさ」が求められました。**

小池都知事は就任後すぐ、都知事の年収を2896万円から1448万円に半減。都民は新しい都知事に希望を託したのですが、小池都政を振り返ると大きな話題となったのが、「築地《つきじ》市場の豊洲《とよす》への移転問題」と「東京オリンピックのコストの見直し」です。

小池都知事は就任間もなく、「豊洲の地下水から有害物質が検出された」と、築地から豊洲への市場移転の延期を表明。しかし、その後「築地は守る。豊洲は活《い》かす」と基本方針を変更し、関係者を混乱させました。オリンピックのコスト削減についても「ワイズスペンディング（賢い支出）」かどうかで考え、ボート会場を宮城県のボート場に移転するとしながら、結局、白紙に。さらには、2017年10月の衆議院選挙に伴い国政政党「希望の党」を立ち上げ、二足のわらじを批判され、小池都知事のイメージは凋落《ちょうらく》してしまいました。

## 東京都知事の変遷

| | |
|---|---|
| 安井誠一郎 | 1947年5月3日～1959年4月18日 |
| 東龍太郎 | 1959年4月27日～1967年4月22日 |
| 美濃部亮吉 | 1967年4月23日～1979年4月22日 |
| 鈴木俊一 | 1979年4月23日～1995年4月22日 |
| 青島幸男 | 1995年4月23日～1999年4月22日 |
| 石原慎太郎 | 1999年4月23日～2012年10月31日 |
| 猪瀬直樹 | 2012年12月16日～2013年12月24日 |
| 舛添要一 | 2014年2月9日～2016年6月21日 |
| 小池百合子 | 2016年8月2日～ |

東京西新宿にある東京都庁。東京都の予算はスウェーデンやインドネシアに匹敵する規模といわれる。2020年には東京オリンピック・パラリンピックが開かれる。そのときの知事は誰が務めているか。

# 49 ≫ アメリカ合衆国大統領にトランプ

平成29(2017)年1月

２０１７年1月、ドナルド・トランプがアメリカの新しい大統領に就任しました。アメリカの大統領選挙というのは非常に長丁場です。２０１６年2月から各党の大統領候補者選びが始まります。「民主党支持者はこの人を大統領候補に選びます」、「共和党支持者はこの人を大統領候補に選びます」と、それぞれの党がまずは大統領候補を決めるのです。決めたらあとは候補同士の一騎打ちです。

２０１６年の2月時点では、民主党の本命はヒラリー・クリントン前アメリカ国務長官でした。一方、共和党の本命はジェブ・ブッシュ元フロリダ州知事でした。またもや、大統領の椅子を、クリントン家とブッシュ家で争うのか、と思っていたところ、まさかの展開になります。民主党では、自らを「民主社会主義者」と呼ぶバーニー・サンダース上院議員の支持率が、共和党では、出てきたときは完全に泡沫候補扱いだったトランプの支持率が予想外に上がってきたのです。

結果はご存じの通り。民主党候補のヒラリー・クリントンに、共和党候補のトランプが勝利しました。

ただ、全体の得票数ではクリントンのほうがトランプより約286万票も多かったのです。これがアメリカの選挙の不思議なところですが、なぜこんなことが起こるのか。

アメリカという国ができたころ、読み書きができる人が少なかったので、大統領を選ぶ見識のある人を選び、その人たちに投票に行ってもらおうということになりました。それが今も続いているのです。

まずは大統領の「選挙人」を選び、その人たちが投票するのです。選挙人の数はアメリカ50の州をあわせて538人。州の人口によって数が決まっていて、いちばん多いカリフォルニア州で55人、いちばん少ないアラスカ州などは3人です。

そして、たとえばカリフォルニア州では、クリントンのほうが得票総数が多かったので55人を総取りする。州内で1票でも多く獲得した候補が、選挙人を総取りできるので、必ずしも得票総数が多い候補＝選挙人の数が多い候補とはならないということです。

今回のトランプ勝利は、メディアの敗北でもありました。ほとんどの新聞が社説でトランプを批判し、「ヒラリーへ投票を」と呼びかけていたのです。テレビ各局は新聞社と違って、主張こそしませんでしたが、トランプのスキャンダルを積極的に取り上げていました。

今後、アメリカはどう変わるのでしょうか。トランプはオバマが大嫌いでした。だからオバマが8年かけて実現してきた政策をことごとくひっくり返しています。

大統領に就任するや否や、TPP(環太平洋経済連携協定)から離脱。TPPの中心にいたアメリカが抜けるのですから、大きな影響が出ています。「オバマ・ケア」も撤廃しようとしました。オバマ・ケアとは、オバマ政権の看板政策だった医療保険制度改革です。

最も深刻なのは、地球温暖化対策の後退です。2015年、オバマの指導力によって温暖化対策を進める「パリ協定」が結ばれました。ところがトランプは、地球温暖化を信じていません。世界169カ国が批准しているのに、トランプ政権は離脱を表明しました。

トランプは石炭業界や石油業界の支援を受けているので、温暖化対策として石炭の使用をなくそうとするオバマの政策に反対なのです。

トランプは「アメリカさえよければいい」というアメリカ・ファースト、一国孤立主義の考えを持っています。

東西冷戦が終わり、平成の幕開けとともに世界の覇権国家として躍り出たアメリカ。アメリカがつくった秩序は、終わりを告げようとしています。平成の終わりは、アメリカ一極支配の終わりとまた重なるのかもしれません。

## アメリカ大統領と平成・日本の首相

| アメリカ大統領 | 日本の首相は? |
| --- | --- |
| **ロナルド・レーガン(共和党)**<br>1981年1月20日〜1989年1月20日 | 竹下登 |
| **ジョージ・H・W・ブッシュ(共和党)**<br>1989年1月20日〜1993年1月20日 | 竹下登、宇野宗佑、海部俊樹、宮沢喜一 |
| **ビル・クリントン(民主党)**<br>1993年1月20日〜2001年1月20日 | 宮沢喜一、細川護煕、羽田孜、村山富市、橋本龍太郎、小渕恵三、森喜朗 |
| **ジョージ・W・ブッシュ(共和党)**<br>2001年1月20日〜2009年1月20日 | 森喜朗、小泉純一郎、安倍晋三、福田康夫、麻生太郎 |
| **バラク・オバマ(民主党)**<br>2009年1月20日〜2017年1月20日 | 麻生太郎、鳩山由紀夫、菅直人、野田佳彦、安倍晋三 |
| **ドナルド・トランプ(共和党)**<br>2017年1月20日〜 | 安倍晋三 |

「Make America Great Again」(アメリカを再び偉大にしよう)を掲げ、大統領選挙を戦ったドナルド・トランプ。民主党のヒラリー・クリントン候補を破り、アメリカ合衆国・第45代大統領に就任した。

写真:新華社/アフロ

# 50 ≫ 元号とは何か？

**2017年6月、「退位特例法」が成立**しました。正式には「天皇の退位等に関する皇室典範特例法」。同時に**「平成」が終わることが決まりました。**

きっかけは、2016年8月の天皇のお言葉です。天皇陛下は国民に向け「既に80を越え、幸いに健康であるとは申せ、次第に進む身体の衰えを考慮する時、これまでのように全身全霊をもって象徴の務めを果たしていくことが、難しくなるのではないかと案じています」と、お気持ちを表明されました。

そもそも、「象徴の務め」とは何なのか。

たとえば、総理大臣を任命したり、勲章を授けたりといった国事行為をすることは憲法に書かれています。現在の日本国憲法においては、天皇がいなければ、内閣総理大臣を任命することも、衆議院を解散することも、国会を召集することもできません。大臣や大使の任命も、条約を公布するのも天皇の仕事。つまり、天皇がいなければ国家が機能しないのです。しかし、被災地を訪問したり、戦争で犠牲になった人の慰霊をしたりすることなどは、どこにも書かれていません。自らが〝務め〟と考えられたのですね。

平成31(2019)年4月30日まで平成時代

日本は太平洋戦争に負けたものの、天皇制は廃止されませんでした。昭和天皇の戦争責任を問う声はあったのですが、戦後、日本を統治したＧＨＱ（連合国軍最高司令官総司令部）が、「天皇制を残して日本を統治しよう」と判断したのです。ただし、新しく憲法を制定するにあたり、天皇の立場を「元首」→「象徴」と変えました。

55歳で即位された今上天皇は、受け継いだときから象徴となった初めての天皇です。よって**「象徴としての在り方」を模索し、皇后とともに歩んでこられました。**

巨大災害に見舞われても、明治、大正、昭和の天皇は宮中で祈るだけでしたが、今の天皇は直接、被災者のもとへ赴かれたり、戦場となった場所を訪れたり、犠牲になった人の慰霊を続けられたりしてこられました。

80歳を越えたら、そうした公務が難しくなるのは、当然、国民も理解できます。

しかし「皇室典範」では、天皇の皇位継承は〝崩御の際〟に限定されており、生前の継承は認められていない。

そこで政府は、「天皇の公務の負担軽減等に関する有識者会議」を設置し、議論を続け、退位を認める特例法を成立させたのです。ただし、あくまで「陛下一代限り」。「高齢化なども踏まえ、恒久的に生前退位を認めるべき」と、当時、民進党や自由党は皇室典範の改正を主張しましたが、恒久化すれば「若いうちにやめたい」といったケースも出かねないため、恒久的な制度化には至りませんでした。

歴史を遡《さかのぼ》ると、**生前退位は江戸時代の光格《こうかく》天皇以来、200年ぶりのこと。**実は明治の前の慶応《けいおう》までは、1人の天皇が交代のとき以外でも、何度でも元号を変えることができました。大きな災害などがあったりすると「縁起が悪い」といって、改元が行われてきたのです。これまで日本では「大化《たいか》」や「享保《きょうほう》」など、200以上の元号が使われてきました。「1人の天皇在位時の元号は1つ」と決められたのは明治から。明治時代、大日本帝国憲法とともに旧皇室典範ができた時、天皇の継承は天皇の崩御だけに限られ、いわゆる天皇の終身制が導入されました。それが、戦後定められた現在の皇室典範にも受け継がれているのです。

長い伝統を持ちながらも、時代に合わせて変わっていくという姿勢なのです。

ただし、「皇統に属する男系の男子での継承を絶対」とすれば、天皇家の存続が難しくなるのは必至です。

イギリス王室に目を転じれば、ウィリアム王子とキャサリン妃の婚約・結婚を機に、王位継承権に関するルールが変更されています。「21世紀にふさわしい改革を」ということで、それまで男子優先だった王位継承法が改められ、男女にかかわらず最初に生まれた＝第一子が優先的に王位を継承することになったのです。

したがって、ウィリアム王子とキャサリン妃の第一子は男の子でしたが、もし女の子だったら、その後に男の子が生まれたとしても、第一子が王位に就くはずでした。

さらに、結婚が決まったヘンリー王子のお相手は、3歳年上のアメリカ人で離婚歴がある。母親がアフリカ系ということで、「国境も人種も超えた結婚」と言われています。

さて、新しい元号はことし中に発表されることになっています。元号は日本独自のものと思っているかもしれませんが、そもそもは中国の皇帝が使っていたのを真似たものです。漢籍に詳しい学者などが、中国の古典からとっていました。ちなみに、日本のほかに元号を使っているのは台湾と北朝鮮です。

# 51 》新元号は2019年5月1日スタート

2019年5月1日から新元号

2017年12月1日、宮内庁で開催された皇室会議において、皇太子さまが**2019年5月1日に新天皇に即位され、同日から新元号となることで合意**しました。安倍首相は皇族や衆参両議院議長などから意見を聞き、退位日を決める政令を12月8日に閣議決定。新元号は2018年末に、事前に公表する方針を決めました。

振り返ると、平成に改元された当時、私は宮内庁詰の記者で、皇居近くでホテル暮らしをしていました。ホテルから宮内庁までは歩いて通える距離でした。

昭和天皇の崩御は**昭和64年1月7日だったので、平成は1月8日スタート。**よって平成元年1月1日から1月7日までは存在しません。

同じように**新しい元号の1月1日から4月30日までは存在しない**ことになります。

ところで、5月1日といえばメーデーです。ゴールデンウイークの真っ最中で、年末や年度末といった区切りのよい日ではありません。なぜこの日になったのか。

宮内庁と官邸で、退位日程をめぐるバトルがあったといわれています。

官邸は、平成30年の大晦日《おおみそか》を退位日にしたかったのですが、大晦日は宮中行事で忙しいため、「12月31日は避けたい」と宮内庁が難色を示した。では、「年度替わりの平成31年3月31日ではどうか」ということになったのですが、「4月の統一地方選挙を控えているので避けたい」という理由を持ち出し、官邸サイドがノーと言いました。実際には、「年度替わりを検討」と朝日新聞が報じたので、朝日新聞を嫌う安倍首相が受け入れなかったと言われています。結果的に統一地方選挙が終了し、国会も事実上休会となるゴールデンウイーク中ということになったのです。

「ゴールデンウイーク中なんて、冗談じゃない」という人がいる一方で、「2019年のゴールデンウイークは、10連休になるかもしれない」と喜んでいる人も多いようです。

なぜ10連休になるのか。現在の休日法では「祝日と祝日の間にある平日は休日になる」と定められています。そのため、5月1日が「祝日」となれば、その前日の4月30日が休日となり、その後の5月2日も休日となる。4月27日から10連休が実現するというわけです。

新天皇即位日の5月1日を、単なる休日とするか、祝日とするか。

政府与党は国民生活への影響も考慮し、十分な周知期間を確保した上で、政府提出か議員立法で関連法案を成立させたい意向です。もし10連休となれば、海外旅行へ出かけようという人も増えるでしょうね。

また、5月1日とあわせて12月23日の現在の天皇誕生日を、祝日のかたちで残すか否かも検討されることとなります。

お住まいについては、現在の天皇陛下が住んでおられる皇居の御所が、新天皇の新しいお住まいになります。退位され上皇となられる現在の天皇陛下は、皇太子さまご一家が住んでおられる赤坂御用地内の東宮御所に移られる予定です（改修の間、東京・高輪《たかなわ》の皇族邸に仮住まいの予定）。一家ごと、交換されるのですね。

平成の30年間を振り返れば、巨大災害に相次いで見舞われた時代でした。震災、火山の噴火、水害、そのたびに**天皇陛下は被災地へ赴き、被災者に心を寄せてこられました。**また、戦争を知らない世代が増える中、**戦地へ赴き、戦争の犠牲者を悼まれました。**

天皇家で初めて自分の手で子育てをし、親子で一緒に暮らすなど、**新しい風を皇室に吹き込まれた天皇・皇后両陛下。**

皇太子さまはタスキを渡された後、これまで天皇陛下が担われた象徴の立場を引き継がれるお気持ちのようです。伝統とグローバリズムのバランスをとりながらどのような天皇を目指されるのか。私たちも新しい時代の幕開けを、楽しみにしたいですね。

## 新しい元号は2019年5月1日から

2018（平成30）年、皇居で新年一般参賀。国民の平穏を願う天皇陛下。

写真：つのだよしお/アフロ

# おわりに

昭和が終わった昭和64（1989）年1月7日。私は皇居の中の宮内庁にいて、昭和天皇崩御をテレビでリポートしていました。昭和天皇が倒れたのは前年の9月。それから連日、宮内庁前から天皇の容態を報告し続けました。その仕事も終わりました。昭和が終わった。戦争が相次いだ前半と、一転して平和になった後半。昭和の全体像を摑《つか》んで伝えることの困難を思いました。

翌日。新しい元号が「平成」と決まったという発表に、「新しい時代が始まった」の感を深くしました。新しい元号には、「平和が続いてほしい」という願いが込められていました。

確かに日本は、平成になっても戦争に巻き込まれることはありませんでしたが、国内は安泰ではありませんでした。阪神・淡路大震災や東日本大震災など天変地異が相次ぎました。東アジア情勢も、中国の軍事的台頭や北朝鮮による核開発など平穏に程遠い状況が続きました。

世界史の観点から見れば、日本の元号が変わったからといって、国際情勢が変わるわけではありません。しかし、日本に住む私たちは、ここに特別な意味を見出《みいだ》します。

2018年は明治維新から150年。明治維新後の日本は、大正、昭和と近代化の道を歩んできました。その上に築かれた平成という時代は、日本という国の来し方を振り返る30年だった気がします。

近代化を進めた日本には追い付き追い越すべきモデルの国が存在しました。しかし、いまやモデルなき時代になりました。日本自身が、新たなモデルをつくり上げなければなりません。そのために、「平成」とはどんな時代だったのか、ここで改めて振り返っておきましょう。

平成30(2018)年1月

ジャーナリスト　池上　彰

# 主要参考文献


角川新書「知らないと恥をかく世界の大問題」シリーズ　KADOKAWA
角川文庫『池上彰の「経済学」講義1　歴史編』KADOKAWA
角川文庫『池上彰の「経済学」講義2　ニュース編』KADOKAWA
『池上彰が読む「イスラム」世界』KADOKAWA
『池上彰とメ～テレが真剣に考える　南海トラフ巨大地震から命を守れ！』KADOKAWA
『池上彰の戦争を考える』KADOKAWA
『池上彰の現代史授業――21世紀を生きる若い人たちへ　平成編1　昭和から平成へ　東西冷戦の終結』ミネルヴァ書房
『池上彰の現代史授業――21世紀を生きる若い人たちへ　平成編2　20世紀の終わり　EU誕生・日本の新時代』ミネルヴァ書房

『池上彰の現代史授業――21世紀を生きる若い人たちへ　平成編3　21世紀はじめの十年
9・11と世界の危機』　ミネルヴァ書房
『池上彰の現代史授業――21世紀を生きる若い人たちへ　平成編4　平成二十年代 世界
と日本の未来へ』　ミネルヴァ書房
集英社文庫『そうだったのか！　現代史』　集英社
集英社文庫『そうだったのか！　現代史〈パート2〉』　集英社
集英社文庫『そうだったのか！　日本現代史』　集英社
『年表　昭和・平成史1926-2011』　岩波書店

**池上　彰（いけがみ・あきら）**
1950年生まれ。ジャーナリスト、名城大学教授、東京工業大学特命教授。愛知学院大学、立教大学、信州大学、日本大学、順天堂大学でも講義を担当。慶應義塾大学卒業後、73年にNHK入局。94年から11年間、「週刊こどもニュース」のお父さん役として活躍。2005年に独立。いまさら聞けないニュースの基本と本質をズバリ解説。大ヒットとなった角川新書「知らないと恥をかく世界の大問題」シリーズ、角川文庫『池上彰の「経済学」講義（歴史編・ニュース編）』、単行本『池上彰が読む「イスラム」世界』、『池上彰とホセ・ムヒカが語り合った　ほんとうの豊かさって何ですか？』、『池上彰とメ～テレが真剣に考える　南海トラフ巨大地震から命を守れ！』（いずれもKADOKAWA）など著書多数。

# 池上彰《いけがみあきら》の世界《せかい》から見《み》る平成史《へいせいし》

池上《いけがみ》　彰《あきら》

2018年 2 月 17 日　初版発行

発行者　郡司 聡
発　行　株式会社KADOKAWA
〒 102-8177　東京都千代田区富士見 2-13-3
電話　0570-002-301（ナビダイヤル）
装 丁 者　緒方修一（ラーフイン・ワークショップ）
ロゴデザイン　good design company
印 刷 所　暁印刷
製 本 所　BBC

角川新書
　ISBN978-4-04-082168-9 C0295